逆袭

16个法国家庭的案例

[法国] 阿德里安 · 纳塞利 著
张蕊子 译

译林出版社

图书在版编目（CIP）数据

逆袭：16个法国家庭的案例 /（法）阿德里安·纳塞利著；张蕊子译．—南京：译林出版社，2023.7
（译见丛书）
ISBN 978-7-5447-9800-6

Ⅰ.①逆… Ⅱ.①阿… ②张… Ⅲ.①家庭教育－案例－法国 Ⅳ.①G78

中国国家版本馆 CIP 数据核字（2023）第 099132 号

著作权合同登记号 图字：10-2022-11 号

逆袭：16个法国家庭的案例 ［法国］阿德里安·纳塞利／著 张蕊子／译

责任编辑 张海波
特约编辑 陈秋实
插图作者 计淳嘉
装帧设计 薛顾璨
校　　对 梅　娟
责任印制 董　虎

原文出版 JC Lattès, 2021
出版发行 译林出版社
地　　址 南京市湖南路 1 号 A 楼
邮　　箱 yilin@yilin.com
网　　址 www.yilin.com
市场热线 025-86633278
排　　版 南京展望文化发展有限公司
印　　刷 南京新世纪联盟印务有限公司
开　　本 880 毫米 ×1240 毫米 1/32
印　　张 8.625
插　　页 2
版　　次 2023 年 7 月第 1 版
印　　次 2023 年 7 月第 1 次印刷
书　　号 ISBN 978-7-5447-9800-6
定　　价 58.00 元

我们永远不会忘记，
总是有一个动作
会不小心透露自己是谁，
是王子抑或仆人。

——席琳·迪翁，《我们不会改变》

毋庸置疑，我将此书献给我的父母

目　录

第一章

一份寒门的名单

2009年9月，我考入了巴黎高等师范学院，入学后我就开始着手搜集一份名单，这份名单上的人和我一样，都是家里第一个接受高等教育的孩子。我们的父母不是工程师，不是记者，不是教授，不是外科医生，不是公司高层，不是外交官，不是建筑师，不是电影制作人，不是银行家也不是中世纪文学家；所以按常理来讲，我们这类人本不应该出现在法国的大学校[①]里。搜集这份名单可不是件容易的事，必须仔细寻找才能有所收获。在发现这些同类的时候，我居然有了一种恋爱的感觉。为了吸引他们的注意，我还设计了一套搭讪的策略，以向他们表明我和他们是同一类人，为了不失去联系，我会立刻把他们的名字记录在我的小本子上或

---

① 大学校，即Grande École，是法国对具有选拔性入学考试的高等院校的统称。不同于只需申请即可入学的法国普通大学（Université），其专业化程度更高、学术性更强，以培养各类科研、工程、政治、商业精英而出名。——译注

者手机上，这样做是有点儿荒唐，但我还没有荒唐到把他们的身份信息做成一个电子表格——如果我早这么做就好了！说不定还能让调查更方便些。

您将要读到的故事是这些孩子的故事的一部分——只是一部分，因为这也是他们父母的故事。这些孩子出身于小中产阶级、平民阶级，甚至穷困潦倒的家庭，他们跨越了阶层，打破了法国学术界著名的社会再生产理论，建立了另一套成功者的形象，几乎摆脱了自拉斯蒂涅——巴尔扎克《人间喜剧》中的一名力求跻身上流社会的角色——以来就被烙上的野心家标签。他们受到了媒体、大学甚至政界的追捧。还有什么比成功更令人兴奋和感到欣慰的呢？特别是这种“逆袭式”的成功。

阶层跨越者们已经（或几乎）成了超级明星，对于推崇优绩体制[①]（méritocratie）的社会来说，他们的存在至关重要，他们象征着一种可以摆脱当下、自由选择生活的希望，他们是童话故事的主角，是法国的图腾。但优绩体制早已被社会学家解构，其意识形态与真实的社会是无法调和的：法国的社会阶层并不会发生改变。这是一个看不见的规律，是一个事实。根据经济合作与发展组织的数据，贫困家庭的后代们需要历经6代人的努力才能达到法国的社会平均收入，即需要180年。对于阶层跨越者们来

① 优绩体制通常指一种政治哲学思想，主张权力的分配应当根据个人才能与功绩。在这种体制内，个人的上位与进阶基于其在该领域内的功绩和经考试检定的智慧天赋。——编注

说，一切仅仅发生在这一代人中。国际学生评估项目（PISA）将法国列为经合组织中最不平等的国家之一，即社会阶级对个人受教育程度影响最大的国家之一。然而，统治阶级仍不断宣扬教育能让孩子们在竞争中拥有公平的机会。

近年来，阶层跨越者们不再满足于在电视节目里微笑着讲述自己的故事并向观众致谢。社会学家罗斯-玛丽·拉格拉沃（Rose-Marie Lagrave）和迪迪埃·埃里蓬（Didier Eribon），作家安妮·埃尔诺（Annie Ernaux）、爱德华·路易（Édouard Louis）和尼古拉斯·马修（Nicolas Mathieu），哲学家尚塔尔·雅盖（Chantal Jaquet）和社会活动家阿卜杜里亚赫·拉鲁伊（Abdelilah Laloui）都拒绝充当任人摆布的棋子，他们纷纷站出来揭露优绩体制的真相。近距离见证了优绩体制对人的分类、排斥和挑选，一些阶层跨越者发现他们远没有预见社会地位上升带来的后果。除了为完成学业而投入的金钱外，无论是在心理上还是在身份认同上，完成阶级跨越这项壮举往往需要付出更多的代价。千辛万苦得到文凭后将面临什么？后半生将归属于哪个群体？优绩体制最终会显露出其真实的面目，这既是好事也是坏事。就像童话故事一样，所有命运的馈赠，早已在暗中标注好了价格，要使咒语起作用就必须付出代价。往后余生，他们将以两种身份生活，对两个世界爱恨交替，并祈祷有那么一天，穿梭于两个世界的内心可以得到平静。然而，他们的灵魂早已被烙上了两个世界的印记，引出无尽的冲突。他们从来都搞不清楚自己的身份——在父母的注视下，坐在两把椅子之间的屁股永远都不会舒服。

在优绩体制的童话故事中，那些生养法国小公主和小王子的人可没什么存在感。他们既不是国王也不是王后，更没有闪耀的命运。他们是法国人，祖上一两辈也是法国人。当然也有人是移民，不过比较罕见。他们是工人、管家、农民、护工、美甲师、保姆、出租车司机、小雇员、美发师、商店的销售员或餐馆老板，比如我做公交车司机的父亲和做秘书的母亲。

老实说，父母对我们的期望其实很简单：可以选择自己的职业，过上更好的生活；不必在月底为钱发愁；可以开心地过好每一天。没有再多的要求了。他们没有预见到教育会将我们推向一个他们无法进入的世界，这个世界将当着他们的面关上大门。我们的父母都对读书这件事不太在行，他们一生都在辛勤劳作。回头看，他们到底怎样看待孩子们跨越社会阶层这件事呢？他们的视角可能会给优绩体制的童话故事带来另一种寓意。与我情同亲兄弟的表弟米凯尔（Mickaël）目前在一家医疗注射器厂当工人，当我告诉他我正打算写这本书时，他提出了一个角度清奇的问题，他说："为什么人们总想着跨越阶层？"

我开始疯狂地给名单上的人打电话、发邮件，试图找到一些同意让我见见他们父母的人。名单上的一些阶层跨越者相当虚伪，他们主动约我出来见面，可当我发现某人的父亲居然是销售主管，母亲是儿科医生时，我感觉自己被骗了。显然每个人对于社会地位都有自己的判断标准，评估一个家庭所属的阶层是件劳神费力的事。然而，这种有意或无意的欺骗正是“普遍的社会出柜”[①]时代所特有的。“普遍的社会出柜”这个概念是社会学家迪迪埃·埃里蓬提出的，我在担任《世界报》的记者时采访过他，他在我的采访中也提到了这个概念：告诉别人自己的出身会让人觉得你和那些来自特权阶层，靠祖上余荫过日子的精英们是如此不同。无论你是混文化圈、金融圈还是政治圈的，这一招都屡试不爽，这样一番操作下来，你便可以坚守住自己的价值。

埃马纽埃尔·马克龙（Emmanuel Macron）本人就非常会在恰当的时候这样操作，他强调自己出生在上法兰西大区的亚眠，在2021年5月*Zadig*杂志的一篇访问中，他坚定地称自己为“外省人”。我们的总统先生好像不太喜欢谈论他的医生父母，当他提到外婆是一名教师时，他也闭口不谈她的校长头衔。我们必须原谅马克龙先生，他像许多人一样，将自己的社会阶层与出生地混为一谈。《电视艺术》杂志[②]曾写过一篇关于电视新闻节目如何争夺观众的文章。文章中提到主持人朱利安·布吉尔（Julian Bugier）曾在其主持的电视节目中声称他来自法国的卢瓦尔-谢尔省。你觉得小朱利安会和他的农民父亲一起挖生菜并拉到市场上售卖吗？

---

① 普遍的社会出柜（coming out social généralisé）指的是在现代社会中，不仅同性恋者需要勇敢地公开自己的性取向，更广泛地说，每个人都应该有权公开他们的个人身份认同，无论是性别、种族、阶层、宗教信仰等等。这样做可以消除歧视和偏见，让人们更加理解和尊重彼此的差异，从而建立一个更加平等和包容的社会。——译注

② 法国一本针对高知人群的知名文化杂志，内容主要聚焦于电影和文学。——译注

维基百科给出了答案：朱利安·布吉尔，1980年11月22日出生于法国卢瓦尔-谢尔省的布卢瓦镇。父亲雅克·布吉尔（Jacques Bugier，2013年去世），是一位作家兼记者，曾在1991年至2008年为《中央共和国报》和《世界报》工作。

“巴黎-外省出身论”误导了我们对他人所处社会阶层的判断，但我的记者同事们对此很关注。除此之外，他们也没能将父辈和祖辈所处的社会阶层区分开来，反而将其混为一谈。以马克龙政府的前总理爱德华·菲利普为例，《回声报》的一名记者在2017年写道：“这位码头工人的孙子，勒阿弗尔地区第一批共产党的曾孙，是法国优绩体制的产物。”然而，这名记者已经在前文中提到了菲利普父母的职业，他们都是法语教师。菲利普的父亲曾在德国担任中学校长，因此菲利普曾跟随父亲在德国上过一段时间的学，所以说菲利普的父母才是优绩体制的产物，而不是我们的小爱德华，这位从小在两位教师父母的文化熏陶下长大，轻松进入大学校预科班，先考上巴黎政治学院，后进入法国国立行政学院学习的年轻人。法国国立行政学院关于自身的说法也很让人迷惑，社交媒体上曾掀起过废除法国国立行政学院的论战，这所学校在论战中这样为自己正言：“目前学校在读的学生中，有14%的人是工人的孙子，9%的人是农民的孙子，12%的人是工匠或商人的孙子，12%的人是普通职员的孙子。”为何它不给我们透露一点学生们父母的职业？对于这些云里雾里的数据，大家都心照不宣。大学校从未兑现其面向社会开放招生的承诺——根据欧洲社会学与政治学研究中心在2015年对法国国立行政学院开展的一项调查报告，该校只有6%的学生父母为工人和普通职员，却有72%的学生父母是高级管理人员，要知道法国高级管理人员只占法国人口总数的不到四分之一。在最近为法国电视二台拍摄的一部纪录片中，政治家、社会学家和哲学家罗伯特·林哈特（Robert Linhart）的女儿维吉妮·林哈特跟踪拍摄了一届国立行政学院的学生，她在拍摄过程中完全抹去了学生的家庭背景，以此来让人更多地关注他们的个性，仿佛谈论父母的职业就是对他们的羞辱。维吉妮·林哈特在《电视艺术》杂志的采访中说："当我想要拍摄一个学生时，我不会问他父母的职业。"在她看来，父母的职业真的不重要吗？她在采访中接着说："以目前在国务委员会工作的塔莉娅为例，作为书店老板的女儿，她非常认可我的观点。这样看来，法国的优绩体制仍然在发挥作用。"书店老板的女儿？如果你看过这部纪录片的话，你会发现这位年轻的国立行政学院学生的家庭出身可不差，她在纪录片里是这样说的："我的母亲以前是开书店的，所以我从小习惯阅读，父母经常带我去博物馆，他们总是让我亲近一种文化……怎么说呢……一种高雅文化？或者说是法国主流社会认同的文化。"

另一个来自流行乐坛的例子：2018年，在Canal+电视台的一档节目中，面对主持人穆卢德·阿舒尔（Mouloud Achour），歌手克里斯（Chris）声称自己的祖父母是农民和工人，想以此来证明自己出身寒门，尽管主持人已经多次明确指出了她的母亲是初中教师，父亲是大学教师，克里斯依旧充耳不闻。克里斯随后还说：“我身上还保留着工人阶级的习惯。”她的这句话随后引发了嘲笑和公愤。有趣的是，面对《世界报》记者阿尼克·科让（Annick Cojean）的采访，这位歌手真的相信自己突破了原先的社会阶层，她说：“我努力学习，而且我喜欢学习，所以我顺理成章地收到了里昂高等师范学院的录取通知书。我的父母都是老师，但是他们一直很谦虚，甚至很自卑——我的母亲是工人的女儿，我的父亲是农民的儿子。考上了高等师范学院让我发自内心地感到快乐和感动，我有了一种光宗耀祖的感觉。”

这是一个关于讲述者个人感受和视角的问题：我们经常可以在法国媒体中听到这种关于个人社会阶层的表述方式。当然，他们所讲的可能是事实，但是不恰当的表述方式会夸大其词，最终与事实相去甚远。

鉴于大部分人对我们国家的社会阶层划分都存在误解，我开始对名人父母的职业和出身感到无比好奇，这份好奇一直延伸到我的记者同事、政治家、教师、艺术家、社会活动家身上。厘清他们的家谱成了我日常生活的一部分。从早到晚，我都忙于在网上输入关键字“姓名+父母”来搜索信息。如果那些大人物没有滥用自己的权力去隐瞒其显赫的祖辈的话，这种有点病态的癖好对我的折磨就会少一些。如果记者们能再深究一下大人物父母的职业的话，我也会得到更多的信息。

为了满足我的好奇心，也为了把书写下去，我在互联网上疯狂地搜索某些成功人士父母的职业。首先，这些人不是特别有名，在维基百科上没有他们的个人主页，网络上也只有关于他们的少量信息；其次，我跟他们也不是很熟，没法一上来就问人家的父母是做什么的。所以我才想先在网上自己搜索一番再说。他们是小有名气的记者、我喜欢的电台主持人、画廊老板、编辑、音乐家、研究员、即将开始其职业生涯的政治家和文化机构的主管……有时，我会在一张旧报纸上找到点儿有价值的信息，不知道是谁出于什么原因把它扫描后传到网上。或者在几个学生的博客上寻得一些线索：他们在老师的安排下进行了一次采访，采访的对象恰好是我想要研究的人。万幸的是，这些学生想到了问一些我们都感兴趣的问题，比如："您的父母，他们是做什么的？"我衷心祝福这些严谨的学生。不幸的是，这项研究除了让我在凌晨两点变得形容枯槁、妄自菲薄，在电脑屏幕前熬红了眼睛之外，并没有什么成果。因为我发现，那些我打算采访的人的父母都是商界领袖、德国哲学教授或律师，简而言之，都是接受过高等教育的人。

虽然说我在网上的搜索并没有多少收获，但这也让我惊奇地发现，这些人的成功确实印证了社会再生产理论。我还发现，民众只会在两种特殊的情况下主动关注某人父母的情况：

一、某个人的社会地位上升得特别快，成了名人；市面上有了关于此人的书籍或者此人正准备踏入政坛。例如安妮·埃尔诺、爱德华·路易和女政治家纳贾特·瓦劳德-贝尔卡塞姆（Najat Vallaud-Belkacem）。这些阶层跨越者因其经历、成就和观点获得了媒体和文化圈的追捧，同时也收获了指责。人们指责他们飞黄腾达后就忘了本，背叛了自己的出身，并要求他们就此进行解释。

二、某位知名演员或者著名歌手，简而言之，某位众所周知的名人。在大众看来，明星吃父母老本并没什么大不了，而且还是值得庆祝的事。明星的孩子注定要成为演员或歌手，甚至成为导演也不是不可以。大众就是要看到他们尽情挥洒才华。是的，我们必须承认，当谈到法国电影世家的时候，我们对血统论的质疑就消失了。这种现象永远令我着迷，也许我们都应该意识到这个奇怪的现象。[无意冒犯，和许多人一样，我也是夏洛特 · 甘斯布（Charlotte Gainsbourg）和齐雅拉 · 马斯楚安尼（Chiara Mastroianni）的头号粉丝。]

以上两种人，一种人是阶层跨越者，他们通过讲述自己的根源来否认社会再生产，却成了社会再生产理论的代言人。另一种人是阶层继承者，或者说世家名流。除了这两种人，我们很难在媒体和网络上获得其他人父母的情况。然而，我们都会对他人父母的职业产生好奇，因为父母的职业也在某种程度上决定了我们在社会上所处的位置。是否存在着某些阶级利益让人不想轻易透露自己的门第呢？或者人们为这些隐秘的利益精心掩盖了自己的出身，让人不能窥其堂奥。

当发现某人的父母拥有一个维基百科页面时，我会非常高兴，因为我可以立马确定：这个人不是阶层跨越者。你也许觉得我在夸大其词，其实我根本没有。然而，在法国国际广播电台（RFI）

的夏季栏目做代班主持时，我发现了一个惊人的事实——我们节目的固定主持人中居然有四个人的父母拥有维基百科的页面，然而这并不妨碍他们的专业精神和才能，所以我们还需要深究其父母的职业吗？

《世界报》的一些老员工（特别是校对员）曾告诉我，有些记者会与孩子共同完成一篇报道。在署名时，他们常常会为孩子改一个姓来避嫌。

在巴黎高等师范学院读书时，天真的我完全没有意识到身边有众多的“二代”。比如年级第一名的女孩的妈妈是我们学校的教授（我们都很仰慕她妈妈），或者某位男同学的老爸是高官、企业家，还拥有一家左翼报纸。他老爸成功地把两个儿子送进了巴黎高等师范学院，又在2013年把他的第三个儿子送入了国立行政学院。还有胡安·布兰科（Juan Branco），他父亲是一位多产的电影制片人，他母亲是一位精神分析师，这位青年曾是法国“黄马甲运动”的精神领袖之一，2009年9月，我和他，以及其他五个学生，在参加了平行选拔考试后被巴黎高等师范学院录取。

在查阅了20世纪70—90年代著名同性恋作家的家谱后，我发现很难在里面找出一位不是出身于大资产阶级或富裕中产阶级的人。盖伊·霍昆亨（Guy Hocquenghem），巴黎高师毕业，父母都曾就读于巴黎高师，父亲是著名的数学家，母亲是文学系教授；纪尧姆·达斯坦（Guillaume Dustan），国立行政学院毕业，父亲是精神病学家，母亲是巴黎室内设计师；马修·里布莱（Mathieu

Riboulet)，父亲是著名建筑师皮埃尔·里布莱（Pierre Riboulet）；马修·林登（Mathieu Lindon），父亲是午夜出版社（Édition de Minuit）的创始人杰罗姆·林登（Jérôme Lindon）；皮埃尔·盖约塔（Pierre Guyotat），父亲是医生；赫夫·吉伯特（Hervé Guibert），父亲是畜牧监察员，母亲是家庭主妇，他家似乎勉强能靠上中产家庭的边。只有让-卢克·拉加斯（Jean-Luc Lagarce）的父母都是标致汽车公司的工人，他是真正的阶层跨越者——他创作的戏剧《世界末日》（1990）所反映的也正是这一主题。

政坛中，父辈是中产阶级或资产阶级的情况比比皆是。想要找到一个例外就如同大海捞针。《嘉人》杂志在2014年专门为女性政治家及其父母们写了一篇文章，我强烈推荐你们去读一读。虽然这篇文章巧妙地回避了社会阶层问题，但是我们可以在网上搜索一下文章中提到的人物：瓦莱丽·佩克雷斯（Valérie Pécresse）、克莱门汀·奥丹（Clémentine Autain）、玛丽索尔·图雷纳（Marisol Touraine）和安娜·伊达尔戈（Anne Hidalgo）。打开我最好的助手——维基百科搜索一下可以发现：瓦莱丽·佩克雷斯，1967年7月14日出生于塞纳河畔纳伊省，父亲多米尼克·鲁是一位学者，同时也是波洛莱电信的前任总裁；克莱门汀·奥丹是女演员多米尼克·拉芬和歌手伊万·道坦的女儿，她的外祖父安德烈·拉芬是法国约讷省的议员，法属阿尔及利亚国民阵线的创始人，她的一位叔叔弗朗索瓦·奥丹曾担任过布格奈市长、议员，在弗朗索瓦·密特朗总统时期曾担任社会保障国务秘书、移民事务大臣和国防大臣，随后在大西洋-卢瓦尔省担任社会党参议员；玛丽索尔·图雷纳，1959年3月7日出生在巴黎第13区，她是社会学家阿兰·图雷纳的女儿，她的母亲阿德里亚娜·皮萨罗·阿里纳斯是智利的医学博士、牙科医生，于1990年去世；安娜·伊达尔戈，1959年6月19日出生在西班牙的圣费尔南多，父亲安东尼奥·伊达尔戈是一名电气工人和工会干部，母亲玛丽亚是一名裁缝，她的父母在1962年春天带着两个女儿（2岁的安娜和4岁的玛丽）移民法国。安娜·伊达尔戈作为四个人中唯一的阶层跨越者，保住了《嘉人》杂志的荣誉！除了安娜·伊达尔戈以外，其他三个人的父母都有自己的维基百科页面。

当意识到自己在进行一项似乎有点偏执的研究时，我开始感到有点儿害怕。我的研究是否不太合适？是否有点儿欠妥，甚至违法？公开某人的上一代会贬低他们的优点吗？是的，有这种可能。然而父母的社会职业是一个既定的事实，不应涉及价值判断。此外，各类反种族主义运动、女权运动和性少数群体运动让我们看到了“情景化知识”（savoir situé）这一社会学概念的重要性：了解发声者的社会背景可以更好地理解他们想传达的精神，同时也能给相同出身的人以发声的机会。可惜的是，没有几个社会运动的斗士会想到使用这条妙招。相反，对于那些已经掌握一定话语权的成功人士来说，他们没必要着急忙慌地亮出自己的社会出身，因为他们的父母几乎都接受过高等教育（当然也有例外，不过这种情况很少见）。如果您目前置身于上层社会，那么请看看你的周围，你能一眼看出谁曾经是穷小子吗？你能发现谁的父母只是普通老百姓吗？你了解同事们的家庭背景吗？很明显，社会出身是一个让我们感到尴尬的话题，大家对此都缺乏诚实。一般来说，一个家庭的社会阶层在两三代人中都不会改变。2021年，我们再也无法轻易“敲开大门”。获得梦寐以求的工作，这是那些60岁和70岁的老一辈爱讲的故事，那是他们在法国“二战”后辉煌30年中所经历的故事。现在，通往“理想职业”的道路比以往任何时候都更加艰难。如果没有人为我们打开大门，我们的热情和能力就一文不值。正如我们在新闻学院见到的那样：你必须拥有好的文凭和两位受过高等教育的父母。

社会各阶层之间的隔阂愈来愈深，导致各种社会问题的出现，导致我们对法国的优绩体制产生质疑。“普遍的社会出柜”的时刻确实已经到来。因此，当一个人具有社会影响力的时候，大众有权从他的口中了解他父母的情况，而不必进行三天三夜的调查。我想对那些即将参加选举的政客说：“是时候在维基百科上亮出你们的家谱了。否则，当我曾经做过收银员和护工的米希亚姆姨妈发脾气时，不要指望我站出来为你们说话。”我的姨妈从没给政客投过票，她总是说：“这些大资产家都一样！我们在被一群只顾自己利益的黑手党统治。”政治家们，我在竭尽全力为你们说话。我站在了姨妈的对立面，我给她举出了反例。我告诉她你们对社会开放的抱负、你们的真诚。我甚至对她说：“姨妈，你太固执了！”但后来，我也懒得跟她辩论了。因为我发现她是对的。

然而，我绝不会对“二代”们怀恨在心，他们的工作能力、个性、才情、努力、“生活方式”或者仅仅作为朋友的陪伴已经成为十年来我日常生活的一部分。有些人已经成了我的榜样、朋友和爱人。有时，我会带着同情观察他们在父母不再显赫之时而濒临崩溃的瞬间。这将是我另一项调查的主题，因为我发现，在面对社会地位上升或者下降这件事上，父母和孩子的感受是不一样的。

所以，不要忘记问一个问题：“您的父母，他们是做什么的？”

就个人而言，我总是直言不讳地回答这个问题。我从不羞于告诉别人我父亲的职业。父亲曾经当了16年的卡车司机，后因饱受背痛的折磨，转行做了一名公交车司机，开着连接我们丰塔尼科尔尼隆村和格勒诺布尔市中心的33路公交车。我小时候甚至会非常自豪地告诉同学们我爸爸是一名公交车司机。等我稍大些的时候，他转为开电车了，高一时，为了完成学校的社会实践，爸爸还专门把我带到驾驶室学习怎么开电车。我也从未向他人隐瞒我母亲的工作，她在一家名为“La Maintenance hospitalière”的产科医疗器材销售小公司当秘书。这家公司只有老板和她两个人。当我到达巴黎后，我也没有对父母的职业三缄其口，就算没人特别问起，我都会主动展开这个话题。和我谈话的每个人，甚至旁边路人都能清楚地听到“公交车司机”“秘书”这些字眼。在巴黎高等师范学院，在索邦大学，在巴黎狄德罗大学，在法国记者培训中心，在法国文化电台，在法国国内广播电台，在*Têtu*杂志社，在《世界报》社，在所有我有机会涉足的地方。我都向人们滔滔不绝地讲述父母的故事，以为他们愿意听下去。后来我发现其实我已经惹恼了不少人，他们讨厌我总是在念叨这个话题。“我们不在乎你从哪里来！”别人这样回答我，不知道是为了让我闭嘴还是安慰我，或许是为了赶紧结束这个话题。然而，当我在某个社交聚会上被贴上“高等师范学院学生”的标签时，面对那些我想结为闺蜜的女生和那些我喜欢的男生，我会故意在他们面前说出“公交车司机”“秘书”这些字眼，因为我实在无法忍受人们认为我来自其他阶层，无法忍受自己在别人眼中是另一种身份。

回想起来，有那么几个为数不多的场合，我不想强调自己的出身，比如在玛黑区著名的“科莱特手札”书店打工时，比如周末在玛格丽特·尤瑟纳尔多媒体图书馆和小伙伴们一起整理成堆的书籍、唱片和 DVD时。至少在那些和我一起打工的小伙伴们面前我不必强调什么出身背景，因为没有必要多费口舌：如果我们在这里打工，而不是在电脑前写论文、参加一场派对或闹革命，那是因为我们需要赚钱来支付学费，因为我们都是同样的人，都是在社会的金字塔上努力往上攀登的人。

TRANSFUGE，名词：A–1. 在战争、敌对行动中，背叛自己的军队、国家投奔敌人的人。同义词：逃兵，叛徒。扩展（少见）：逃避某事的人。A–2. 类比用法。离开一方加入对方，否认、背叛团体或某项事业的人。同义词：持不同政见者。B.（引申，背叛的概念被削弱了或者没有了）改变环境、情况的人。

字典的解释真是有点儿不中听。为了打消我对这个话题的痴迷，也为了看看除了字典上的解释还有没有别的说法，我开始一一联系那份名单上的人。他们是否走过和我一样的路？无论如何，他们都有着阶层跨越者所特有的忧郁的清醒。他们是否已经开始甚至完成了他们的《回归故里》（*Retour à Reims*）？——迪迪埃·埃里蓬于2009年，也就是我抵达巴黎的那一年出版的著作。这本书让我们这类人的身份有了一个新的名字——“阶层跨越者”。为了解释为何自己离家到巴黎求学后就再没和父亲见面，埃里蓬在书中这样写道：“现在，我有太多的问题想问他，不只是为了写这本书。”这句话让我们中的许多人都感同身受。所以我一一询问名单上的人为何要离开老家：为了更开放的思想？为了知识？为了自由？还是为了追求美好的生活？可能都有吧。但他们在新世界中遇到的人和事往往会让这些期望落空，让他们对某些人的家教感到不解。他们会疑惑地想，难道这些人的家庭都没有教过他们尊重、谦虚、坚忍和团结吗？我也好奇如今他们与父母、兄弟姐妹以及亲戚邻里之间的关系发生了什么变化。有的人表示，虽然自己与家人在某些方面无法沟通，但是对于自己能够生长在这样的家庭充满感恩之心；有些人则很高兴能离开原生家庭，他们希望能与家人保持一定的距离；更多的人则仍然与原生家庭保持着密切的联系。然而我们每个人都迟早会意识到，成功不是偶然，与父母有着很大关系。父母在孩子的成长过程中扮演着重要角色，有时甘当孩子的陪衬，有时又是孩子的领路人。这项调查的目的就是要了解是什么让孩子打破了原生家庭的桎梏。

终于，我对他们说："让我见一见你们的父母吧！"从嘴里说出这句话很容易，见面的过程却是困难重重。有的人的父母去世了，有的人的父母生病了，有的人的父母甚至不太会说法语，有的人早已与家庭断绝了关系。面对这些棘手的情况，我对自己说："你要清醒些，你只是一名记者，不是家庭矛盾的调解员。"大多数人的父母从未意识到，自己与孩子们在文化上和社会关系上越来越疏远。突然间，我的研究看起来有点胡搅蛮缠：父母们会做出什么样的反应？他们会不会不知道该说些什么？他们从未接受过采访，却突然就要出现在镜头里。他们并不信任媒体，觉得媒体上的人总是在喋喋不休地重复着同样的事情：自我表现、自我吹嘘、缺乏谦逊、招摇过市。网络热搜跟他们没有什么关系，更别说让他们使用社交软件了。有些父母会偶尔关心政治，但大多数人已经很长时间没有投过选票了，世界局势的风云变幻也与他们没有半毛钱的关系了。他们很少去电影院或剧院，博物馆就更少了，因为去这些地方很花钱，他们也不感兴趣，况且这些地方很远，最近的地方可能也需要近一个小时的车程。九月文学回归季和初夏的戛纳电影节都与他们无关，他们只认识那些经常出现在电视屏幕里的人，就连度假也不会去离家太远的地方，甚至有人从未乘坐过飞机。他们整天忙于应付眼前的生计，再加上被那些气候危机、抵制空运的说辞影响，便不自觉地成了以偏概全的环境保护主义者，更是打消了飞到遥远的地方度假的念头。他们的文化程度不高，最多也只有本科文凭，把日子过下去已经不容易了，把儿女拉扯大更是耗尽了他们的心血。如今，他们期待的只是来自儿女的一通电话、一条短信，告诉他们："我买好回家的票了！"然后他们就会出现在火车站台，等待从远方归来的孩子。孩子是他们的骄傲，但他们也有不满。他们不信任甚至讨厌那些与孩子们接触的精英阶层。当我告诉妈妈我在2017年1月为*Têtu*杂志采访了马克龙的时候，她对我说道："你都跟大人物们握手了，我们对你来说不再重要了。"要是她知道我曾经经历了什么的话……

我要去见见这些父母。实际上回应我的是一群母亲。她们中有的人和丈夫住在一起，有的人是单身，有的人丧偶，有的人再婚，无论如何，她们都同意了我的采访。然而却没有父亲主动接受我的采访。可能由于有的母亲毛遂自荐地接受了我的采访，父亲便不再参与了，或者孩子们就只跟母亲说了采访的事情。对此，我都欣然接受。因为对于父亲们来说，讲述孩子的故事是很难的；对于孩子们来说，也很难对父亲们提出这样的要求。如果不是新冠肺炎疫情，我本可以采访到更多的人。但疫情期间，我不得不贸然地戴着口罩突然出现在受访者的家中，或者要求他们安装上网络摄像头，回答我那些仿佛只有心理医生才会问的问题。在与我的交流中，父母们（尤其是母亲们）从未提出过什么要求，也不曾向我索要过什么费用。如果说他们能从采访中获得某种好处的话，那就是可以借此机会给自己的孩子发发信息。在采访中，我势必问及孩子们所归属的精英群体，比如记者、政治家、高管、教师、知识分子、社会活动家、作家、艺术家……然而父母们对这些群体的看法却让我颇感意外。他们冷眼旁观着我们这群人的生活和职业——觉得我们的生活有着疯狂的节奏，我们的职业也没什么大不了的。他们的目光停留在我们的工资单上——数额比他们的要大得多。他们对我们的生活有着自己的想象——可能是放荡不羁的或者是苦行僧式的。当我们能够自己决定人生道路时，他们往往萌生出一种无力感，只能唠叨着我们小时候有多听他们的话。他们会对孩子们说"你变了"，也会不情愿地承认孩子们也改变了他们。那就让我们听听这些父母的话吧，他们眼睁睁地看着孩子们离开自己，走向那未知的世界。

拉桑・巴德（Lahcen Badr），工人；伊茹・巴德（Ijjou Badr），清洁女工，居住在瓦勒德瓦兹省，他们是法官、前司法部发言人优素福・巴德（Youssef Badr）的父母。

玛尔蒂娜・贝利亚（Martine Belliard），护工，居住在上索恩省，是巴黎市长环境助理大卫・贝利亚（David Belliard）的母亲。

玛丽-克莱尔・博奈（Marie-Claire Bonnet），油漆工，居住在大西洋卢瓦尔省，是法国文化电台节目制作人帕斯卡利娜・博奈（Pascaline Bonnet）的母亲。

希尔维・瑟维尔（Sylvie Cervulle），医院护工，居住在默尔特-摩泽尔省，是社会学博士生吕斯・普劳特豪斯（Lus Prauthois）的母亲。

赫迪嘉·德格梅切（Khedidja Deghmeche），学校女工，居住在上加龙省，是记者和法国国内广播电台制片人阿里·赫贝里（Ali Rebeihi）的母亲。

马拉梅·迪亚洛（Mareme Diallo），缝纫老师，居住在塞纳-圣但尼省，是作家、记者兼导演霍卡雅·迪亚洛（Rokhaya Diallo）的母亲。

米希亚姆·杜泽特（Myriam Douzet），清洁女工、护工，居住在伊泽尔省，是政府项目主管、前议员助理托尼·布兰多（Tony Brando）的母亲。

奥黛特·菲利佩蒂（Odette Filippetti），学校行政人员，曾居住在摩泽尔省，后搬到了阿尔卑斯滨海省，是巴黎政治学院教授、前文化部部长奥蕾莉·菲利佩蒂（Aurélie Filippetti）的母亲。

克劳蒂娜·勒佩勒克斯（Claudine Lepelleux），在巴黎和厄尔省做税务监察员，是法国国库职员弗朗索瓦丝·保利（Françoise Pauly）的妹妹（2002年已故），编辑、作家安娜·保利（Anne Pauly）的小姨。

克里斯蒂安娜·纳塞利（Christiane Naselli），秘书；克里斯蒂安·纳塞利（Christian Naselli），伊泽尔省格勒诺布尔市的公交司机，他们是我的父母。

赫蕾·塞亚尔（Renée Saillard）和加斯东·塞亚尔（Gaston Saillard），他们都是杜省的出租车司机，是时尚历史学家、巴黎时尚博物馆前负责人奥利维耶·塞亚尔（Olivier Saillard）的父母。

冉恩·珀玛赫（Thanh Pommarais），巴黎美甲师，彼得·林德伯格基金会项目经理、前让·保罗·高缇耶品牌活动策划人图艾·尼哈戴斯（Thoaï Niradeth）的母亲。

杰基·罗斯（Jacky Rose），沃克吕兹省的农民，路透社驻爱丽舍宫通讯员米歇尔·罗斯（Michel Rose）的父亲。

埃尔维·华耶（Hervé Royer），车间工人，是法国国内广播电台节目制作人和播客制作人艾洛蒂·华耶（Élodie Royer）的父亲。

安吉丽塔·托马桑（Angelita Thomassaint），在瓦勒德瓦兹省做秘书，是作家、导演劳拉·托马桑（Laura Thomassaint）的母亲。

科琳娜·瓦洛涅（Corinne Valognes），在埃松省做幼儿园保育护工，是作家奥蕾莉·瓦洛涅（Aurélie Valognes）的母亲。

第二章

神童们

我的故里——伟科尔山和查特山两座高山——怀抱着伊泽尔平原，我慈祥的祖父母曾在这里经营农场，随后我的伯父继承了他们的衣钵。如今，我的表兄劳伦在这里发展有机农业。农场五十米开外的地方就是我父母的房子，还有一个很大的花园。这栋房子是祖父母在1974年用农场赚到的第一桶金盖起来的。在我出生的前几年父母就搬到了这里，就这么一直住了下来，再没离开。现在，我在小时候住过的房间里写下这些文字。从我离家到巴黎高等师范学院求学已经过去十年了，这间屋子却从未改变。推开窗户，目之所及依然是大片的农田。“农田”，这个曾在我们生活中随处可见的词，我如今却再没什么机会说出它了，然而每当它在耳边响起，我都会陷入对父亲的回忆——“穿上你们的靴子，我们要下田干活去了！”或者：“我们要去看爷爷奶奶了。”这时妹妹索莱娜会和我一起问：“我们要走公路还是穿过农田？”

1989年10月，我出生了，当时我的父亲克里斯蒂安正在农场对面的一家商品运输公司当卡车司机。从那时起，我们的田地便开始被新建的工业区一点一点地吞噬。然而，当我们走进纳塞利一家的农田后，就既看不到工业区也听不到那里发出的声音了——那时，田中的我们曾经觉得一切从未改变，除了从那条把我们从南至北包围起来，20分钟就可以直达格勒诺布尔的高速公路上持续传来的嗡嗡噪声。

我的母亲克里斯蒂安娜喜欢农田，但她也喜欢热闹，讨厌离群索居，所以她对在农田周围大兴土木并不反感甚至很开心。我出生的时候，她和父亲已经30岁了。他俩的名字几乎一样，这让他们有点介意，所以一起给亲友写明信片的时候，他们总要落上一个包含了他俩名字的特别签名（Christian · e）[①]。凑巧的是，他们都是在1958年11月出生的。母亲当时在一家钢板厂做秘书，后来去了一所中学做校长秘书，之后便在距离我们家七百米开外的一家小公司工作到退休。天气好的时候，她会骑自行车或者走路去上班。对于我们这种住在城市外郊的人来说，汽车当然是出行的首选，所以母亲也很喜欢开车。老实说，五分钟的时间就足够在附近的工业区里逛上一圈，其间都是延绵不断的厂房，经常有卡

---

① 这种书写方式称为“包容性书写”（l’écriture inclusive）。在法语中，词语不仅有阴阳性的区分，还要根据上下的配合进行性数变化，并遵循“阳性比阴性重要”的规则。为保护女性权益，女性主义者提出了“包容性书写”的观点，即用包含阴阳性的书写方式体现“男女平等”，如文中父母的签名就是在单词末尾加上阴性词并用间隔号隔开。——译注

车出入，其中就有我父亲驾驶的卡车，所以对散步的人来说，沿途的风景并不惬意。

父母最近告诉我，我之所以叫阿德里安（Adrien），是因为他们想纪念意大利歌手阿德里亚诺·塞兰塔诺（Adriano Celentano）。他最著名的一首歌是1966年发行的《格鲁克街的男孩》。这首歌后来被法国歌星弗朗索瓦丝·哈迪翻唱，改名为《我长大的房子》。好像是命中注定一般，她的歌讲述的是一个乡村男孩到城市寻找工作的故事。当这个男孩回到乡村的时候，树木已经消失，取而代之的是一栋栋高楼。这和发生在我们丰塔尼–科尔尼隆村的故事几乎一样，新开发的建筑像蘑菇一样从地里源源不断地冒了出来。

我一直是一个好学生。在我关于孩童时期的记忆中，最清晰的部分就是对上学迟到的恐惧，虽然这从未发生过。快到夏天的时候，看着白天越来越长，我感到万分焦虑，因为从百叶窗透进来的晚霞让我在晚上八点半还辗转难眠，这让我焦虑得直冒冷汗。

爸爸　你还没吃东西吗？一回家你就做作业，做完了就准备明天的功课，还要把书包放到门口你才安心。

妈妈　小心我们踩到你的书包！［笑］

爸爸　你呀，连病了都要去上学。

妈妈　你曾经对我说："妈妈，我出门就不会发烧了，因为外面很冷。"

社会学家贝尔纳尔·拉伊尔（Bernard Lahire）在他的著作《阶级的童年》中试图展示家庭环境是怎样影响儿童的人生轨迹的。他的研究团队十分详细地描绘出不同儿童家庭的肖像画，研究范围从底层阶级延伸到上层阶级（“中产阶级”的标准是有一定弹性的——我常常在巴黎发现，某些家庭，我的家人们都认为他们属于大资产阶级，他们却自认为只属于中产阶级），以此来揭示我们是如何被所处环境影响的。父母的职业、家庭收入、饮食、文化活动、词汇、价值观、假期、政治参与、亲友……只有少部分人能够挣脱社会重塑的法则，他们是误打误撞地取得了成功还是鸿运当头中了头彩？我们应该到社会的哪个角落或者我们思想的哪个领域去寻找答案？

我们的父母很难解释自己孩子成功的奥秘，所以他们简单地将其归结为孩子的天性所致。如果孩子在学校成绩好，那是因为他或她本来就有才，这是一个悖论。一些人甚至认为学习能力是由基因决定的。人们常说：“我们不知道这种能力从何而来。”到头来，什么结论都没有得出。仔细想想，我们中的大多数人其实都曾窥见过这些神童的预兆：喜欢独处、大量阅读、和别的小孩有点不同……甚至有点太机灵了，父母们都无需监督作业，孩子便能够自主学习，因为上学正好是他们喜欢的事情，所以这类孩子是“幸运”的。但事实果真如此吗？

事实上，有意或无意地，父母们看待事物时总是非黑即白。没有受过高等教育，也不清楚教育体制里的弯弯绕绕，他们对法国精英学校有着无比坚定的信任，总觉得孩子上了精英学校就可以改变命运。不想让孩子走自己的老路，只是希望孩子变得更好，还是觉得就是应该这样做？不同的家长有着不同的观点。然而无论家长对此是什么心态，孩子都是不可以逃学的，当然也不能不做作业，为了看电视而晚睡那也是免谈的。家长不再满足于孩子把好成绩带回家，他们还制定了激进的学习计划和巧妙的学习策略，如果父母年轻时学习很好并从中获益，这便是他们对孩子不言而喻的最低要求；他们不会每次都在孩子考试取得满分时给他们买礼物，就像不会每次都给听话的狗狗奖励零食。对这类父母来说，孩子学习好是一件再正常不过的事了，取得高分也没什么了不起的——即便在高中毕业会考成绩公布后他们也一样。会考成绩公布后，中产阶级家庭常常会为孩子开香槟庆祝，请来DJ助兴，随后还会给予奖励。然而普通家庭的孩子们最多只能获得父母的一句“真棒”，如果像我一样，被父母带到餐厅吃顿饭庆祝一下，那已经是最高的奖励了，虽然低调得就连邻居都不会知道这回事。我必须时刻保持谨慎，稍稍流露出得意就会遭到父母的白眼，甚至是训斥。在我念小学时，考试没有取得满分便会被认为没考好，这恰好证明了这类父母并没有准确衡量孩子学习水平的能力。

在这些“神童”和他们的家人滔滔不绝的讲述中，我发现了许多真正让他们成为学霸的细节。正是这样的成长背景才让他们能够在长大后实现阶层的飞跃。

我遇到的第一位母亲叫玛尔蒂娜·贝利亚，她曾做过清洁女工和护工，是政治家大卫·贝利亚的母亲。还记得2019年的那个仲夏夜，我和他们一家人围坐在巴黎街头的露天咖啡馆聊天。在聊天中我得知玛尔蒂娜及其老伴是专门从外省来巴黎照顾孙子们的，也就是大卫的侄子们。我看向一旁的大卫，40岁的他可谓是青年才俊，作为欧洲生态绿党领袖的他即将参加新一届市政选举，也许他会成为巴黎市长吧？他也是第一个同意我与他的母亲进行联系的人，不幸的是，这位母亲如今已经罹患癌症去世了。

在咖啡馆的小圆桌旁，大卫那位泥瓦工出身的老父亲正谨慎地打量着我，似乎还有点不高兴。他一直保持着警惕，根本不想和我讨论关于他儿子的社会阶层提升之类的话题。他转过身对妻子说："他以为他是谁？"听到他的话后，我立刻对他们说道："不好意思，我有事出去一下，酒还没喝完，我马上回来。"慌不迭地冲出咖啡馆的我只能在不远处的地铁站口来回踱步，自言自语地重复着事先准备好的采访论点和问题。从未有采访让我如此紧张，就连在采访中面对我最喜欢的电影明星时我也还算镇定自若。开启这项研究前我是多么的自信满满，从未料到会出现让我如此窘迫的情况。大卫的母亲玛尔蒂娜·贝利亚女士可好说话多了，她同意跟我见面，是觉得有人愿意倾听她的意见是一件难得的事，这对她来说就足够了。几天后她给我打了一通电话，我找到了她，完成了我们面对面的单独采访。

贝利亚一家住在离沃苏勒市不远的奥基古库尔村，村子里有大约150名村民。大卫很小的时候，玛尔蒂娜只能带着他去雇主家打扫卫生。她受雇于法国农村家庭援助机构（ADMR），一生都在为别人上门服务，足迹遍布她所居住的上索恩省，不是到老人家中清洁就是去残疾人的家中扫除。她告诉我，她一直很感谢曾经的一家雇主，他们是前教师佩格斯夫人和她的公证员丈夫：

玛尔蒂娜　我在他们家工作了十年，大卫18个月大的时候我就带着他去他们家干活了。一开始我对自己说，没办法了，我要问问他们能不能接受我带着孩子工作。起初他们是不同意的，他们担心家里的摆件、瓷器……但我对他们说："大哥大姐，你们不用担心，我自己生的孩子我心里有数，我跟你们保证，他会很安静的！"我没撒谎，事实确实如我所说。我把大卫放在了一块毯子上，在旁边摆上他平时玩的东西，比如书和玩具。等两个小时后我干完活回来，发现他还在那里。他真是一个异常冷静的孩子，睡觉从来都不哭不闹。唉，我的另一个孩子马修就完全不是这样了。大卫喜欢自己待着，他是一个非常非常安静的孩子。

"后来，佩格斯夫人把我带到她家的儿童书架旁，那里有一排排整齐的'玫瑰图书馆'系列童书。佩格斯夫人转头向我妈问道：'你们想要这些书吗，贝利亚夫人？'最后，我妈抱着一大盒子的书回家了。"大卫回忆道。后来，他又跟我说起了自己和母亲的另一个雇主发生的故事，那位夫人特别喜欢收集《巴黎竞赛报》。

于是，当玛尔蒂娜在给房子大扫除时，大卫就如饥似渴地读着那些发生在20世纪50和60年代的故事，哪怕这些故事已经过去了30年。

虽然有好心的仙女在大卫的成长道路上撒下了书本，但玛尔蒂娜坚信是自己培养了儿子对阅读的兴趣。她说："我也是一个爱读书的人。当大卫还不会走路的时候，我就在他的围栏里摆上了书，比如一个商品目录或者一本册子……小小的他已经在像模像样地翻页了。所以是的，我想是的，是我引导他阅读的。"玛尔蒂娜又给我讲了个关于书呆子大卫的趣事："有一次我看到小大卫坐在他父亲的工作室里，向正在焊接的父亲大声朗读着《白牙》这本书。"

7岁时，大卫就对大人问出了一堆奇怪的问题："人是怎么生孩子的？""避孕药是如何起作用的？"他竟然还给出了答案："这药能在你的卵子周围创造一个磁场。"家人们都觉得他是个有天赋的孩子。在奶酪厂工作的姑姑曾神叨叨地对他说了一个预言："总有一天，你会背叛我们的。我没有恶意，我就是觉得你会背叛我们，仅此而已。"大卫说自己长大要成为法国的总统。对于一个生长在小村子的男孩来说，这确实是一个自命不凡的梦想。他的弟弟马修就经常打趣他，比如他会说："我觉得你从5岁起就有巴黎人的那股劲儿了。"大卫小时候也没几个朋友，就算上了小学，他最好的朋友仍旧是他爸爸老板的儿子。除此之外还有一个女孩子，她的爸爸也是一名小老板，手下有40名员工。周末大卫会去他们家跟他们一起玩。玛尔蒂娜见证了他们是如何变成好朋友的。

玛尔蒂娜　当大卫还是个孩子的时候，他就不爱交朋友。他的朋友基本上就只有老板家的那几个孩子。你看，他就是这么一个孤僻的小孩。我们经常拿这点打趣他。要是跟马修上街，我们的后面会聚集起一支足球队，差不多村里的孩子都跟着跑出来了。然而大卫从来没有那么好的人缘。我这两个儿子的性格真是完全不同啊。村里的孩子能玩耍的地方可多了去了，不像那些可怜巴巴的巴黎孩子，只能在公园里玩玩。但大卫也不喜欢出门去玩，他就喜欢一个人待着。被我们打趣的时候他会说："我和我的书在一起啊。"曾经有人对他说："天哪，你怎么那么白！"我对那个人说："是啊，他天天守在电脑前能晒到太阳才怪了。"是啊，大卫就是一直那么白。

看了玛尔蒂娜的采访稿后，我妈对我说："不像现在，你小时候也很孤僻！我常让你请些朋友来家里玩，但是你一次都没带回来过。你不记得了吗？你说你不愿意！如果我们强迫你，你还会生气。你总是喜欢在我做饭时待在厨房里，盘膝坐在椅子上，双手托着下巴不停地问我很多问题。"

我的父母也觉得应当激发我的某些才能，他们的做法与玛尔蒂娜女士如出一辙：

妈妈　每晚我下班回家后，我们都会在地毯上看书，玩棋盘游戏……

爸爸 是的，你妈妈给你读了很多故事，但是你总说还要听。

妈妈 你出生后我们就给你订了儿童杂志，先是*Picoti*，然后是*Toupie*，等到你长到九个月大的时候，市面上所有的儿童期刊都被我们订完了。[说这话的时候眼角泛红]

我 你们怎么会想给我订那么多的杂志啊？

爸爸 因为我们的那个时代就没有儿童杂志，我们小时候没见过这种东西。我小的时候你奶奶也没有给我读过什么故事。

妈妈 哦，我也是，小时候从来没有听过故事。

我 那么问题来了，既然你们小时候都没拥有过这些玩意儿，那你们是怎么想到要给孩子订杂志的？

妈妈 因为杂志上说父母必须给孩子读书，通过读书把孩子“唤醒”……阅读故事是一种愉快的仪式，我和你爸爸都很赞同这些观点。但是孩子他爸，你好像没给他读过几本，是吧？

爸爸 我确实读得不够多，都是你妈妈的功劳。

妈妈 你爸爸说得对，晚饭后我俩会坐在沙发上一直读书，直到该睡觉了才起身离开。有时我真的受够了，就会少念几句，但是你居然知道我跳过了哪几行！少念一行都不行。同一个故事你都要听上个五六遍，甚至一整个星期都让我给你讲同一个故事。

爸爸 你看连环画也是这样。有段时间你特别喜欢看连环画《罗宾汉》，那段时间你整天手里捧着的都是《罗宾汉》。

与玛尔蒂娜女士会面后，我马不停蹄地恳求我的朋友帕斯卡利娜·博奈将她的父母介绍给我认识。帕斯卡利娜是我2013年和2014年在法国广播电台（Radio France）实习时认识的女孩。那是我们俩人生中的第一份实习。还记得在第一次进入电台演播厅时，我俩都是既惊讶又迷茫，一副没有见过世面的样子，这让我顿时感觉找到了同类。后来在聊天中得知，我们的生长轨迹很是一样，家里没人会听法国文化电台。

帕斯卡利娜告诉我，她爷爷把小咖啡馆传给了她爸妈经营的那年，他们还不到30岁，可惜爷爷随后在1988年去世了。在接手咖啡馆之前，她的爸爸伯纳德在一家房车工厂工作，妈妈克莱尔做过清洁工，也打过其他零工，后来又去学了会计。帕斯卡利娜的妈妈对我说："从15岁起，我就不想去上学了。我老公伯纳德上的是职业学校，但是他一点也不喜欢学校里教的东西，那时他的梦想是玩乐队。可他入错行了，他根本就不是个干体力活的人，却跑到职业学校读书［笑］，所以在职业学校那两年完全是浪费时间。"帕斯卡利娜还告诉我，她爸在接手咖啡馆的那年还去报名参加了公共汽车司机的培训课程。

我的朋友帕斯卡利娜·博奈就诞生在这样一家小咖啡馆里。她家咖啡馆坐落在法国大西洋卢瓦尔省的一个名叫圣吕曼德库泰的小镇上，全镇才有1 500多人。她妈妈怀着她的时候还在咖啡馆里忙前忙后，在分娩前三四天才回家休息。可以说帕斯卡利娜在娘胎里就被咖啡馆的气氛熏陶了，那是由RTL2电台里放出的音乐、父亲喜欢的摇滚唱片、亲戚朋友和酒吧常客带来的欢乐氛围。

两年后，帕斯卡利娜的弟弟埃尔温出生了。顾不过来的爸妈只好在咖啡店的柜台后面支起了小厨房，一家人才能在客人不多的时候聚在一起吃口热饭。后来，他们在咖啡馆里添置了几台游戏机，村里的年轻人都爱来玩。帕斯卡利娜喜欢待在咖啡馆里偷听顾客聊天，甚至时不时还想插上两句。帕斯卡利娜告诉我："我们对关起门来过日子的那种家庭生活是陌生的，在我们的认知里，亲密关系不只存在于家庭中，更存在于在咖啡馆的集体生活之中，来来往往的朋友和顾客就像我们的家人。"

玛丽-克莱尔　老实说，我们没想到她能把周围人说的话都记到脑子里。那时候我们可没有时间管她，我们还要工作，但她的小脑袋会自己运转。我感觉她是一个早熟的孩子，总是喜欢看些并不该在她那个年纪看的东西。有一次，我们全家打算去度假，就到超市去买背包客旅行指南之类的书。那时她还很小，但她听到了我们在谈论某个城市，就帮我们找到了那个城市的书！就连她的床边也不放什么泰迪熊和小玩偶，而是摆满了书。然而这孩子在学校里却有点儿不合群。我是个不用操心的妈妈，只需要每天晚上打烊回到家后查看一下她的作业就可以了，她都会自己做完，完全不需要人强迫。

玛丽–克莱尔认为，她女儿对辩论和聊天的喜爱也许来源于他们小咖啡馆出售的报纸。“她爸爸每天早上都会读读报纸，所以你可以想象那些看完的报纸会跑到谁的手里！”除此之外，她还坚信女儿对电影的热情完全是被她老爸订阅的Canal+付费电影频道激发出来的。“这也是她自学的一种方式，我得好好感谢她爸爸，还好他从不在M6台看那些无聊的真人秀节目！”

帕斯卡利娜　如他们所说，我是个喜欢守在电视机前的孩子。我爸看了很多电影，通常都是些少儿不宜的电影……我给你举个吓人的例子吧。你看过艾伦·帕克拍的《午夜快车》吗？这可是我爸最喜欢的电影。正常来说，谁都不会给一个7岁的孩子看这么暴力的电影吧？但是我爸就带我看了，还一边看一边告诉我哪些地方拍砸了：“看！那里多出了根杆子。看！这里没有配音（我爸只看有法语配音的电影）。看！那里有一些奇怪的东西……”所以在我爸的带领下，我就从一些奇奇怪怪的角度看了不少我那个年纪本不应该看的电影。老实说，小镇上也没有电影院，离我们最近的电影院在南特市，差不多有35公里远。

玛丽–克莱尔　我总是跟帕斯卡利娜说她可不能忘了本。她小的时候，她的外公外婆还在他们的农场里忙着栽种葡萄。每周一我们都会去外公外婆家吃晚饭。一天晚上，她在车上对我说：“我不想去看奶奶，因为她的衣服好难看。”啊！［玛丽—克莱尔假装惊呼起来，把手放在胸口。］我当时就被她的话吓到了，立马对她说:“你要知道奶奶穿得不好是因为她要下地干活。”我想她听进去了,因为之后她从没有说过这样的话。

帕斯卡利娜 小时候,爸爸妈妈、姐姐和我都从来没去过电影院,长大后,我不想再看法语译制片了,就会缠着他们给我找原版电影。当我在跟巴黎的新朋友们聊起这个话题时,他们纷纷表示看法语译制片简直反人类。听了他们的话,我突然感觉很惭愧,因为我的家人们确实只看法语译制片。虽然英语的进步使我可以摆脱法语译制片,但是我也不会再像小时候那样强迫爸妈去看原版电影了,没办法,我妈只会说法语,我爸除了法语外还会说一点意大利语。我爷爷是意大利人,他在十几岁的时候就加入了法国国籍,他总是把意大利帕多瓦省的方言和法语混着讲。

每到周五晚上,霍卡雅·迪亚洛一家那套80年代建造的位于巴黎19区的公租房里都会挤满了人,他们围坐在一起,喝着塞内加尔特有的薄荷茶。“大家都说我们家就像‘救世军’(Armée du Salut)一样。”迪亚洛家的女主人马拉梅开玩笑说。“我们家的聚会上有法国人、安的列斯人、喀麦隆人……在我嫁过来前,我丈夫就经常留朋友在家里住了。我们从小就被教育要学会分享,我想我的孩子们也从小对此耳濡目染。”

对此,我朋友霍卡雅表达了和她妈妈不一样的意见:“我小时候一点儿私人空间都没有!家里吵得连电视的声音都听不见!”她向我吐露心声,对小时候的经历愤愤不已。在他们那个社区,霍卡雅的老父亲伊斯玛埃尔是一名受人尊敬的领袖。他很重视穿着，每天都是西装革履，头戴小帽。常常被人邀请去主持宗教仪式，也会热心地帮助社区新来的移民们解决些行政手续方面的问题。

马拉梅能把女儿从小就打扮成公主似的，她对此感到十分自豪。她曾在移民妇女协会担任缝纫老师，协会里开设法语和时装设计课程。她在25岁时嫁给了伊斯玛埃尔，然后跟着他离开塞内加尔到巴黎生活。她告诉我："我当时是村里唯一一个会打领带的人，当然了，不是谁都买得起领带的！"来到巴黎后，她去缝纫学校上了几年学，学成之后开始为孩子们做衣服。所以在学校里，小霍卡雅给人留下了深刻的印象，再加上从小她妈妈就教她要有主见，她那股气质就更特别了。

马拉梅　男孩们都说："看，美女在那儿！"［笑］我经常去"老佛爷"和其他商场里偷师学艺，回来就给她缝制最新潮的衣服，我做的衣服可以说跟商场里的一模一样！我也给她弟弟做衣服，比如当时流行的灯芯绒背带裤。他们的朋友会问："你们家很有钱吗？"当时只有7岁的霍卡雅跑来问我："妈妈，我们家很有钱吗？"我说："我们并不富有，只是我会做衣服！"［笑］

可以说，霍卡雅的童年是在马路上，是在各色人种混杂的环境里度过的。父母不在家时，她会去一位来自老挝的邻居阿姨家玩，有时就在她家吃饭。霍卡雅出生后的第三年，她的父母给她生了一个弟弟，取名为巴契尔。

霍卡雅的老爸伊斯玛埃尔·迪亚洛曾是菲亚特汽车厂的一名机械师。他在工作中遭遇了一次事故，孩子们曾要求他一次又一次地讲述那天发生的事。“他的食指在流水线上被弄断了，他居然捡起来独自带到医院缝合。”霍卡雅说，“你看，这就是人和人之间的差别。如果是我，我肯定会尖叫着当场昏倒！”在定居法国之前，她爸爸曾多次到塞拉利昂、科特迪瓦、东欧等地旅行。难道那些旅行故事早早就在小霍卡雅的心中埋下了悸动的种子？“这很有趣，因为在我小的时候，我觉得我弟弟像我爸。但后来，我意识到是我比较像他，我是那种无法待在家里的人，我是社交达人。”

遇到假期，他们会举家回塞内加尔老家探亲。但回去一趟的开销实在是不小，所以他们不是每年都去。

霍卡雅 老实说，小时候回塞内加尔探亲的时候，我们真是有点儿自我膨胀，居然待上几天就开始叫苦不迭了，现在想想真是太不知好歹了，我们就是被宠坏的孩子！达喀尔是个好地方，但我们在那儿感到不自在，因为我们比大多数人都富有。

霍卡雅的母亲主动适应了这样的社会地位差异：“当我们回塞内加尔时，我会穿得很普通，因为我不想冒犯他人或被他人冒犯。你不必让别人对你动歪念头。我一直在接济亲戚、帮助邻里、保持低调。”为了让孩子们能更了解法国，霍卡雅的母亲还送他们去参加法国的海边夏令营。“霍卡雅在7岁的时候就能给我写信了！”霍卡雅的母亲回忆道。

在霍卡雅11岁时，他们全家离开了巴黎，搬到了巴黎北边几公里之外的塞纳-圣但尼省的拉古尔纳夫市的一套大房子里。“我们希望我们的孩子每个人都有自己的房间。”霍卡雅的母亲说。安顿下来后，霍卡雅就上初中了。为了监督孩子的学习，霍卡雅的爸爸伊斯玛埃尔被推选为家长代表。“他喜欢这种引人注目的感觉。”霍卡雅说：“在学校我是一个绝对的乖乖女，平常都不大爱说话。”毕业时，她的数学老师薇薇安娜夫人在她的留言本里写下这样一段话：“你是一个非常安静的女孩，我希望你能不那么害羞，祝愿你未来能够取得成功。”如果你了解霍卡雅的职业生涯，那你会发现薇薇安娜女士的祝愿成真了。

与霍卡雅告别后，我前往了塞纳-圣但尼省的另一个小镇。冉恩·珀玛赫与丈夫在圣-图安镇一处新建的社区买下了一套小公寓，她在公寓里接待了我。然而，1975年刚到巴黎时，18岁的冉恩只能蜗居在巴黎19区克里米亚街，但那时她觉得特别自豪，因为她刚刚逃离了遍地硝烟的越南。“那是一个晚上，我离开家人，独自一人乘船沿着湄公河到达泰国。第二天，在泰国的几个朋友的帮助下，我搭上了飞往巴黎的飞机。真正的巴黎就是我脑海里的样子，协和广场和塞纳河就跟我在《法兰西岁月》周刊和《巴黎竞赛报》上看到的一模一样。”随后她凭借几句蹩脚的法语就被圣日耳曼大街上的一家面包店雇用了，聪明的冉恩在工作时独自摸索，“我表现出都听得懂的样子”，她说。很快她就换了一份工作，到巴黎8区的一家美发沙龙做美甲师，在那里一待就是30年。一位非常富有的顾客每周都会来找她做两次指甲。冉恩生了一个名叫玉恩的女孩和一个名叫图艾的男孩，图艾喜欢和他的母亲、他的阿姨们这类年长的女性待在一起，讨厌与同龄的孩子相处。在她工作的沙龙，冉恩有一名客户是巴黎13区乔治·桑初中的校长。“校长对我说，‘如果你有孩子，送他们来我的学校读书，我都要了，你们亚洲人是非常聪明能干的’。”想到孩子在巴黎19区就读的学校门口天天都在发生打架斗殴事件，冉恩决定接受校长的提议，每天早上花上一个半小时坐地铁送儿子到巴黎13区的乔治·桑初中上学，然后再独自搭地铁去上班，几乎在巴黎穿梭了一圈。“虽然路途很远，但是图艾太瘦小了，我不能让他自己去上学。”

“我是班里最不起眼的，”图艾说，“让我震惊的是，每当班上点名时，我都能从老师口中听见一大堆带“德”的名字。”[1]每到期末，图艾都会考到很好的成绩。“我不知道他如何做到的，”冉恩说，“我对他一点都不严格，我就是这样跟他说话的。”冉恩用一种平静却令人尊敬的语气给我演示了一番。“如果他们不听我的话，我只需要抬抬眼皮，他们马上就明白了。图艾是在爱中长大的小

① 法国人姓名中的“德”通常意味着这个人的家族或血统有一定的贵族背景或地区地位。——译注

孩，我给了他很大的自由。”图艾的父亲，冉恩的前夫是一名机械师，他没怎么管过他的孩子们。

在学业不紧时，图艾会和小伙伴去麦当劳，会去看电影。冉恩总是给他足够的零花钱，以免他在朋友面前丢了面子。她特意告诉我，她曾带孩子们去度假。他们一起去了美国，去了摩洛哥，去了法国的其他地方——她是这本书中唯一一位去过这么多地方的母亲。晚上8点从美发沙龙回家后，她会清点白天收到的小费，然后开始准备晚饭。

冉恩　我希望我的孩子拥有一切，所以我牺牲了一切。

冉恩在她整洁的公寓里对我说出上面这句话，我们的脸被口罩遮住了一半，她在灯光下，我逆着光。后来，在和我爸妈聊天时，我对他们讲述了这些父母对子女付出和牺牲的故事，他们听完后毫不犹豫地对我说：“我们没觉得辛苦，我们很高兴能抚养你长大。”

当秘书奥黛特·菲利佩蒂带着女儿奥蕾莉·菲利佩蒂离开他们居住的工业小镇欧丹勒蒂什，到几公里外去参加在维勒吕普市举办的意大利电影节时，她从未想过她的女儿在将来的某一天会成为法国文化部部长。

奥黛特　你知道吗？我们这些来自工人阶级的女孩，是很难接受高等教育的！我们长大后要么是速记打字员，要么是家庭主妇。我从16岁半开始做秘书。我本来想当记者，我喜欢写东西，那是我年轻时的梦想，但自从结婚生子后梦想就停止了。在26岁那年，我参加了自学考试，后来在一所初中做行政工作。现在我终于光荣退休了。[她在说“光荣”这个词的时候声音很大，配合着她那富有感染力的笑声，让人印象深刻。]

奥蕾莉·菲利佩蒂从小就知道妈妈有着未完成的梦想。

奥蕾莉 有一天，我让妈妈教我她擅长的速记打字，但是，她说她讨厌速记打字。她真的是发自内心地讨厌它，就像她讨厌会计工作一样。怎么说呢？她喜欢在学校里工作，但工作本身，比如那些一排排的数字，她并不喜欢。

奥蕾莉的父亲安吉洛是一名矿工。奥黛特回忆起丈夫时对我说：“我的公公也是一名矿工，他后来死在了纳粹集中营里。在我公公的影响下，我的丈夫安吉洛在14岁时就下矿了。他对学习不在行。政治一直是我们生活的核心——尤其是我丈夫的，家里的事主要都是我在操心。”安吉洛·菲利佩蒂先生毕生致力于共产主义事业，于1984年因癌症失去工作能力。在奥蕾莉10岁那年，她那深受工人支持的父亲被选为欧丹勒蒂什镇的镇长。他于1992年因肺癌去世，十多年后他因工作而染上的肺癌才被法国政府认定为矿工职业病。奥蕾莉·菲利佩蒂在她2003年出版的第一部小说

《工人阶级的最后日子》(*Les derniers jours de la classe ouvrière*)中讲述了父亲的故事。奥黛特觉得女儿在书中描写的往事是那么鲜活，就像昨天刚刚发生的一样。看完了书后，她向女儿表示自己的生活可没有左拉小说里的矿工那么悲惨。

奥黛特　我对女儿说："我和你爸活得可不像左拉的《萌芽》里描写的那样！"[笑] 这是句玩笑话，事实上，我很喜欢女儿对我们日常生活的描写，我觉得她的视角非常客观。我们这里的意大利移民特别多，如果愿意和他们交往的话，你就会感受到人性的温暖。我们并没有过着悲惨的日子，虽然工作条件很艰苦，但我们也很开心，我甚至还有一点怀念那个年代呢。随着矿场和工厂的关闭，一切都消失了。比如那个年代我们会举办意大利电影节，我们还有工人体育俱乐部……作为共产主义者，我们还与兄弟国家的同志们建立了联系 [笑]，所以我们会去苏联或意大利旅行，这要归功于共产主义的共同信仰。我们那时的生活有一种特别的氛围……怎么说呢？是一种非常热闹的生活气息。

奥蕾莉　在那个年代，我们过着集体生活，周围的邻居不是矿工就是钢铁工人。那时的人们对工作非常自豪，因为矿工和钢铁工人可不是谁都能当的。虽然我的父母都没有上过大学，但他们特别关心时事政治。比如我们家坐在电视机前一起看安娜·辛克莱主持的时事政论节目时，父亲从节目开始到结束都会喋喋不休地发表他的意见。无论看什么节目，只要涉及时事政治他都是如此。

奥蕾莉·菲利佩蒂是个学霸，父母对她的要求十分严格：成绩必须优秀，没有任何可以讨价还价的余地。对她的父母来说，世界上最重要的事情就是她的学习。直到中学她都没有和同学出去玩过。然而妈妈奥黛特却跟我说她不记得自己曾对女儿如此严厉。她说："我们没必要对她严厉，她会自己学习，根本用不着我们操心。奥蕾莉是一个非常聪明和勤奋的学生，我发现成功是环环相扣的，成绩越好的学生越爱学习。她是班上的领头羊，整个班的成绩在她的带领下都提高了。"

14岁时，奥蕾莉·菲利佩蒂决定去摩泽尔省的省会梅斯读高中，她选择了那里有名的乔治·德·拉图尔高中，两年前，她的一个好朋友就去了这所高中读书。因为离家太远，她只能选择住校。她的父母非常支持她的选择。我问奥蕾莉为什么要离家外出求学。她对我说："这是我自己的选择，因为在老家的小城市里每个人都互相认识，这种氛围让我感到窒息，所以我梦想着离开老家去追寻自由。"

与奥蕾莉·菲利佩蒂的父母不同，我的父母从未想过让我离开老家。这个问题一直困扰着我，难道其他城市就没有吸引他们的东西吗？

爸爸　我们认识的人几乎都是工人，不认识那些有钱人或杰出人士。我们的朋友里也没有当医生的人。我们既不是工会成员，也不是什么协会的成员。法国共产党左派是在1981年来到我们这里的，但这对我们没有什么帮助……我们这里的工人可不像奥蕾莉她们镇的矿工那么团结，毕竟这里的每个人都只为自己着想。我们就是普通老百姓，不怎么参与村里的政治活动，低调地过着自己的小日子。

说起来，和奥蕾莉的妈妈一样，我的妈妈也会速记打字。

妈妈　我们当时的想法和你们年轻人现在的想法是不一样的。现在的年轻人努力一下就可以改变命运，但是我们那时候只能接受命运的安排，大部分孩子只能延续父母的职业。我在年轻时就没有机会上大学，我的朋友们也都在做文秘工作。这是很自然的事情，就像另一个圈子的女孩都成了美发师一样。

计算机很快就替代了速记这种土办法。但是我一直都很钦佩这种复杂的、只有妈妈们掌握的语言系统。最近，我和妹妹索莱娜正好想一起文身，但是我们对文身的花样拿不定主意。正当我们发愁的时候，妈妈（尽管强烈反对文身的想法）建议我们用速记的方法写下代表我们名字的符号，把这个有点儿神秘的小符号文在我俩的身上。这真是世界上独一无二的好主意！是我们之间的小秘密。

对于杰基·罗斯来说，“传承父母衣钵”是必然的。在他的脑海中，一切都计划好了：他的长子米歇尔将接管农场，就像他在16岁时从他父亲手中接过农场一样，就像他的父亲从爷爷手中接过农场一样——无人知晓这个传承的故事是从何时开始的。他从未想过儿子米歇尔会在20年后成为路透社驻巴黎爱丽舍宫的一名记者。

65岁时，杰基·罗斯没法再下地干活了，他把自己位于沃克吕兹省库库隆小镇附近的20公顷葡萄田租给了三个农民。这三个农民在他的土地上继续种植葡萄，然后卖给当地的合作社。杰基目前也不养鸡和兔子了，就像住在20米外的他的父母一样，一身轻松。由于疫情的原因，我只好和杰基约好在线上见面。幸运的是某个星期天早上，米歇尔的两个妹妹伊莎贝尔和穆里尔刚好来到农场，她们表示愿意帮助我把杰基的回答记录下来，杰基可不是那种愿意长时间待在电脑面前的人；另一方面，我还不清楚他家到底有没有网络摄像头呢。就在我们约定好见面的时刻到来时，伊莎贝尔告诉我她爸爸到葡萄田里去查看夜霜有没有打伤藤蔓了。在等待杰基回来的这段时间里，我和伊莎贝尔聊了一会儿。她告诉我她也离开了老家库库隆，去了其他地方工作，比如法国驻阿联酋大使馆、法国驻黎巴嫩大使馆和法国驻埃及大使馆。她的姐姐穆里尔则是在著名的卡马戈基金会工作，负责接待艺术家和研究人员。

杰基结婚很早，他的妻子玛丽·劳伦斯虽然早早就取得了药剂师助理职业证书，但她还是决定和杰基一起回到农场当农民。米歇尔说，是他妈妈“在智力上刺激了他”。直到米歇尔八九岁时，他的妈妈都深受同学们的欢迎：她会在孩子们的生日会上带大家玩十分有创意的寻宝游戏，比如拼图什么的；她会在孩子们放学后带他们到市立图书馆看书；还会在家里教他们用音节法阅读。米歇尔和他的两个妹妹三人都是非常优秀的学生。他们的小学同学都是农民的孩子。当他们读初中时，有几个同学的父母是在附近吕贝隆核研究中心工作的工程师。米歇尔感觉在与工程师的孩子接触后，一切都变了。

杰基几乎没怎么管过孩子们的学习。“我从来没有给他们辅导过功课，我没有这个本事！”杰基用浓重的乡音不太高兴地对我说，“我不知道我对他们做了什么，反正他们就是天生学习好吧，从另一方面来说，可能是因为他们的妈妈对他们严格吧。”我对他说，并不是每一个好学生都是天生如此的。我又给他提了个问题：“你的孩子们擅长学习是否就像你擅长农活一样？”听到我的话后，我发现他眼中闪过一丝光彩。

杰基　可以这么说吧，学习应该也像种地一样，一分耕耘一分收获！我们尽一切努力让作物生长，学习也差不多吧！孩子们在学校里勤奋学习，我在地里辛勤耕作。我从来不去度假。家里人也因此没法去度假。我们就待在小镇上，哪儿也不去。在镇子上我们也不会去哪里玩，我老婆病了差不多有15年，当她住院时我会带着孩子去看她，仅此而已。孩子们也觉得很无聊，所以为了让他们换换心情，我给他们在柔道俱乐部报了名，让他们去那里发泄一下。

杰基一家在每年12月31日的晚上都会去普罗旺斯的艾克斯城庆祝新年。然而到那里也不过是看看电影、吃吃披萨而已。米歇尔从小就有“省一分即赚一分”的想法，他说：“我们家的人都很节俭，并以此为荣。比如我的祖父母手头上不会留有太多现金，他们把积蓄都投到农场里了。我父亲常说：‘我们这里真的很好，不信你看看四周，吕贝隆山区是多么宏伟啊！’尽管我们小镇距离海边只有一个小时的车程，但是我们从来都没有去过海边。我们家几乎每天会在晚上8点都准时打开电视机，边看法国电视一台边吃晚餐。”米歇尔告诉我，他还记得1995年5月7号的那个晚上，他9岁生日的前夜，他们一家人围坐在电视机前目睹了雅克·希拉克成功当选法国总统。尽管他的父母从不讨论政治，但那天晚上他们似乎都很高兴。米歇尔的家里没几本书，在他十三四岁时，父亲在他的殷切请求下向一名书籍推销员购买了几本如《宇宙百科》之类的红皮百科全书。米歇尔如获至宝，他如饥似渴、夜以继日地阅读。在有书陪伴的日子里，米歇尔感觉自己突然长大了。杰基说他不记得给儿子买过百科全书，但记得家里确实有这套书。

正如您将在下一章中看到的那样，米歇尔不用继承农场了。幸运的是，这种传承父母衣钵的压力并没有降临在我的身上。由于我的父亲不是兄弟姐妹中的老大，所以他自然也没有继承农场的压力。

“但是你小时候很想当农民！”妈妈的话一下子让我回想起了小时候的志向。我确实有很长一段时间十分想当农民。这种痴迷可能来自对动物的热爱（对于一个孩子来说并不奇怪），也可能来自我大伯经营的“爷爷奶奶”农场，即使农场里最后只剩下了一些鸡和兔子，我也超级喜欢那里，还曾在兔子的混战中拯救过一只可怜的小母兔，并给它取名为“小被子”，没人知道我为什么叫它这个名字。

在我的伟大计划中，我未来的农场里将会有骆驼、考拉、鹦鹉和鳄鱼，后来我发现这似乎不太现实，便转念想当兽医。初中四年级时，我在法语课上写了一篇文章，我对新闻学的喜爱便是被这篇文章激发的，我的法语老师莫妮克·罗伊夫人一直保留着这篇文章。几年后，我俩开始互相写信，她便把这篇文章寄给了我。我还记得那时我唯一认识的记者只有法国的新闻女王克莱尔·夏沙尔。

像米歇尔一样，我们中的许多人都承认母亲在我们的启蒙上起到了关键作用。

奥利维耶·塞亚尔 我想我现在的一切成就都得归功于我的妈妈。虽然她脾气有点大，在人堆里十分平凡，也没上过大学，但她对文化很有品位，一直鼓励我们阅读。12岁那年，我和妈妈在《嘉人》杂志上看到了绘画比赛征集作品的通知，我心动了，决定参赛。去邮局寄出作品的那天其实离截止日期已经很近了，而作品必须当天寄出，否则就会赶不上比赛了。可是屋漏偏逢连夜雨，在去邮局的路上我不小心把作品掉到了水坑里，崩溃的我不停地大哭。妈妈对我说："你不能这样，不能就这样放弃了。我们快回家，你再画一幅，然后再来寄，否则你就真的失败了。也许你画的不会像之前那幅那么好，但至少你尝试了。"回到家后，我不仅完成了作品，还用小块小块的布料贴在信封上装饰了一番。通过这件事，妈妈告诉我不放弃也是一种力量。她用自己的方式支持和鼓励着我们兄妹几人。

可惜的是，我没法从奥利维耶·塞亚尔的妈妈赫蕾·塞亚尔夫人的口中听到有关她孩子们的故事了。在我与奥利维耶见面的几个月后，她就在儿子的怀抱中去世了。"她会喜欢和你说话的，她可不是个害羞的人。"奥利维耶在电话里告诉了我这个悲伤的消息。

53岁的奥利维耶出生在位于法国杜省的蓬塔利耶，那是一个坐落在汝拉山高原上的小城市。奥利维耶是家里六个兄弟姐妹中最小的一个。他现在是时尚历史学家，现任法国顶级皮鞋品牌威士顿的艺术总监、阿瑟丁·阿拉亚基金会（以在2017年去世的法国籍突尼斯裔女装设计师命名）的负责人，他还曾管理过巴黎时尚博物馆，而他的父母都曾是出租车司机。

奥利维耶 我的父母从农民变成了出租车司机。这本身就是一种社会阶层的跨越，转行后他们确实赚得更多了。一开始是我妈先试水的，我爸随后也入了行。他们用赚来的钱买了一栋大房子，之后便一直住在那里。平常他们就开着出租车游走于蓬塔利耶市中心和近郊，来回接送那些上学放学的学生、残疾人和住所附近没有公共交通的人。有时候他们也会去附近的瑞士跑跑车，因为瑞士的很多火车站是没有班车到法国的。这的确是份苦差，冬天路上会有很多积雪，生意好的时候半夜都得出车。我父亲不得不早起，虽然他非常讨厌这一点，但是没办法。我们家甚至都不过圣诞节。从他们开出租车的那天起，假期就与我们家无关了。

奥利维耶·塞亚尔和我谈起他童年的往事，他说："我仍然怀念着我的第一个假期，虽然那是一个再普通不过的假期。那个年代房车还没有出现，我们全家开着一辆改造过的破长途汽车在土伦高速公路上狂奔，驶向度假目的地——奥利乌勒市。我仍然记得那个夏天无花果树的味道、早上起来法棍面包的味道、房间里热烘烘的味道。我和姐妹们都睡在一张大床上。回想起来，我的人生中真是没有比这更快乐的假期了。”

我这位时任马赛时装博物馆馆长朋友告诉我，他很讨厌那些富人朋友圈子中流行起来的“装成乡下人去露营”的风潮。他对我说：“你知道吗？当我看到一个女孩在头发上夹了好几个夹子来模仿她想象中的工人阶级女孩的样子，我就再也无法忍受了。我心情糟透了，便提前走了。”

就我而言，小时候假期的主要活动就是爸爸妈妈开着房车带我们去海边露营。我们家每年夏天都会规划两周的度假时间。与这本书中提到的许多人相比，我真是一个幸运的孩子。对于我们这些老百姓来说，汽车就是度假期间首选的交通工具，目的地也仅在法国境内，连与法国周边接壤的一些国家我们都不会去。飞机？那是为有钱人准备的吧。

爸爸　在我和你妈妈小的时候，度假从来不是我们生活中的必要选项。我和你妈妈在20岁相识之后才有了度假的习惯。

妈妈　我们那时可没有像今天这样的度假小屋……要么有钱住旅馆，要么没钱搭帐篷。

父亲　度假也不是非去不可，反正就是看个人家庭情况吧。但是自从你出生后，我们每年都会去度假。

为了带家人去度假，埃尔维·华耶也付出了很多。对于华耶一家来说，度假的地点更多是在安扎于山区中的特大号趣岳牌帐篷里。当女儿艾洛蒂跟我讲述她的教育经历时，埃尔维·华耶在一旁赞同地补充道："小孩子是必须好好管教的！我一直很关心女儿们的学习，我要求她们长大后必须要有一份像样的工作。有一次，艾洛蒂交了一个糟糕的朋友，那是个吸毒的女孩，我就让她和这个女孩断绝了往来。后来她加入了一个舞蹈社团，这就挺好的，我便不再干涉她了。"埃尔维不习惯谈论自己，也没有跟我过多提及他曾经做车工的经历。"在同一家工厂干了40年！"他带着一丝自豪总结性地回答了我，却又不愿再多谈了。他当车工时，一天的工作时间不太长，一般下午的早些时候就下班了，下班后他会去邻近村庄的一个农场打理他种在那儿的土豆。他羞赧赧地说："我是农民的儿子，这都成习惯了……"

埃尔维·华耶与妻子薇薇安娜居住在一个名叫索尔叙克莱瓦纳的小镇上，小镇位于法国默尔特-摩泽尔省，距离省会城市南锡有45分钟车程。他们育有两个女儿，一个就是艾洛蒂，另一个是比艾洛蒂大五岁的法妮。"我们家住在牧场大街23号，"作为一个细节控，艾洛蒂向我补充了关于她家的其他信息，"我们家每个房间都有电视。我们的一天是被音乐唤醒的！每天早上妈妈都会打开真爱频道或者思乡频道。国际电台和文化电台？那可不是我们家的菜。"

艾洛蒂之所以提到法国文化电台，是因为我们俩就是2015年在法国文化电台工作时认识的。当时我们俩的办公室就隔着一条走廊，我还记得那条走廊是灰色和紫色的，与法国文化电台的台标颜色一样。我在飞利浦·梅耶主持的《公共精神》节目组工作。艾洛蒂在洛尔·阿德雷的团队工作，负责他的节目《田野之外》。此外，艾洛蒂服务于洛尔·阿德雷在法国国内广播电台的另一个节目《蓝色时刻》，这是一个谈话类节目，嘉宾都是知识分子和艺术家。我俩的往事现在回想起来还历历在目。艾洛蒂的妈妈在她17岁时就去世了。还记得有一天，她说能来到这里工作多亏了她的妈妈。我心里想道："又是另一个记者的女儿。"可后来我发现我错了。她的母亲薇薇安娜女士可不是记者，她曾在艾洛蒂就读的小学做过清洁工，原谅我在几章后才会向您细细讲述她的故事。

艾洛蒂是一个非常有天赋的学生，她的妈妈在学校的人缘不错，因此老师们也都很喜欢她。艾洛蒂得意地对我说："安娜贝尔·赫米老师有一头长发，我特别喜欢摸它。教小学四年级和五年级的娜塔丽·布瓦尔老师对我也特别好。几乎每天下课后我都会去图书馆找安娜·瓦克斯莱尔老师，她指导我读了很多书。记得学校组织我们去巴黎旅行，因为团队需要帮工，妈妈就恰好跟着我们一起去了。我很开心，但妈妈很害怕，她对我说：'那里太危险了。'我觉得我和我的家人们有点不同，我在很小的时候就是个人来疯，特别喜欢让别人注意到我。只爱穿五颜六色的衣服。当然这是我和姐姐争吵的根源，她更害羞和安静，而我却是个古灵精怪、精力满满的小孩。"

埃尔维的两个姐妹长大后也成了材：一个成了心理医生，另一个成了监察员。他向我暗示，可能是艾洛蒂的姑姑们激发了她们的成长。艾洛蒂的心理医生姑姑的两个儿子卢克莱斯和爱德华就属于那种“别人家的孩子”。艾洛蒂说：“每当我去表哥家待上一段时间，回来后就能学点儿新的技能，比如跳舞、弹钢琴、骑马什么的。我告诉爸妈我想像他们一样……因此爸妈就给我报名了舞蹈班。”

我和妹妹也在某种机缘巧合下获得了文化的觉醒。我们在小学时有几个要好的朋友，后来我们一同到一所名叫沙赫特鲁兹中学的初中上学，正是他们鼓励我在初二时注册了我们村青少年文化中心的戏剧课。他们是卡洛尔、弗洛朗斯、马修、马里翁、安托南和他的妹妹克拉拉……没有他们，我可能都不敢尝试。每个不上学的早上，我们的邻居纪尧姆都会弹起钢琴，我妹妹索莱娜在偷偷观察很长一段时间后，也开始坚持学习钢琴。我的父母为她租了一年的钢琴，即便是最便宜的钢琴，也确实是一笔不小的费用。每个星期三的下午，爸妈都会带索莱娜去上钢琴乐理课。

妈妈　像艾洛蒂一样，你在小学时也特别爱表现，总是想得到老师的赞赏。五一节那天，你会给老师带上一枝铃兰。是你主动问我们要的。而你妹妹比起你来就害羞多了，虽然她也会带着铃兰去学校，但那都是我们提前为她准备好的。

我　这么说我小时候是一个马屁精？

巴德一家可不用卖力讨好老师，他们的小女儿蕾吉雅被诊断为高智商儿童。在学校，老师们惊恐地发现蕾吉雅已经自己学会了拼读，然而她的爸爸拉桑和妈妈伊茹既不会读也不会写。我在斋月的间隙来到他们狭窄的小家。“虽然身在法国，但我爸妈的生活习惯还像在摩洛哥一样，”蕾吉雅40岁的弟弟优素福对我说，嘲笑的口气中却有着深深的敬意，“其实他们对我并不了解。”

拉桑·巴德和伊茹·巴德住在巴黎北郊的埃拉尼（瓦勒德瓦兹省），他们共育有五个孩子。拉桑·巴德大约90岁（大家不知道他具体几岁，他的年龄是一个谜），他不太爱说话，总是笑眯眯的。伊茹·巴德比他小20岁。他们的一个儿子德里斯刚刚去世了，所以这个斋月对他们来说非常痛苦。不过伊茹仍旧在厨房里忙碌地准备着开斋饭。

拉桑和伊茹的家乡在摩洛哥的泰勒阿特拉斯，那是一个地图上都没有标注的地方。

伊茹　我们村子的名字叫塔古溪扬。我们以种地和畜牧为生。我们种小麦、胡萝卜、芜菁，还种西葫芦……过着地地道道的农民生活。日子虽然苦，但是举目望去都是美好的风光！现在生活好了，打开水龙头就有水喝，那时候我们可是要背着水桶去井边打水的。

他们给我看两张老家的照片，我看到了他们老家草木茂盛的春天和炙热干燥的夏天。今天晚上我就要对他们老两口进行采访了，还好有他们唯一的女儿，46岁的蕾吉雅为我做翻译。

拉桑是一个人从摩洛哥来到法国的，他的第一站是瓦朗谢纳。后来他辗转到了勒瓦卢瓦·佩雷，在那里租了一间小公寓，便把家里人都接了过来。不久后，他们一家又去了阿让特伊。伊茹对我说："我对拉桑说我是不可能继续住在这间小公寓的！"蕾吉雅在一旁补充道："那间公寓实在是太可怕了，太黑了。是我妈妈向我父亲强烈要求不要继续住在那里的。"

每年夏天，巴德一家七口人会开着一辆雷诺"21 Nevada"加长型家庭轿车返回摩洛哥，路途遥远，基本需要四天才能到。"爸爸在方向盘上打瞌睡时，妈妈就会对他尖叫，"蕾吉雅对我说，"那时我们还在上初中，但爸妈却认为我们已经可以看地图导航了，他们觉得我们完全可以引导他们开车穿越西班牙抵达摩洛哥。我爸会问：'我们从哪里走才是去摩洛哥正确的路？'我们回答他'不知道！'他就会反问道：'你们不是都上过学吗？'"

最终，巴德一家在埃拉尼扎下了根。爸爸拉桑曾辗转过许多工厂，比如雷诺和雪铁龙，也当过建筑工人。后来他失业了一段时间。在失业的这段时间里，当地政府给他找了个维护埃拉尼居民公共菜园的临时工作——他正好重操旧业了。"如今回想起来，我们小时候吃的菜都是老爸带回来的绿色蔬菜啊。"拉桑的孩子们感叹道。

当爸爸拉桑再也干不动活的时候，妈妈伊茹起早贪黑地做起了清洁工，扛起了赚钱养家的重任。每当周六没课的时候，孩子们都会去给妈妈帮忙。

“那时候我真的什么都不怕啊，还好我年轻时身体好，从早干到晚，中途还要回家做饭。现在不行了，干不动了。”伊茹对我说。

拉桑和伊茹的终极噩梦就是因为行事不端而被法国政府“遣返回老家”。“你们不就是与众不同吗？”几个孩子在他们面前开玩笑道。蕾吉雅对我说：“他们的意思是我们家确实挺引人注目的，家里所有的孩子都是好学生。家人一致认为这是基因所致。”但在高三时，蕾吉雅的弟弟优素福没有选择读大学，而是去读了职业技术学校。优素福转过身问我：“你想知道原因吗？”

我与另一位母亲的会面因为新冠肺炎的大流行而变得困难重重。在法国第二次全国“封城”的前几天，56岁的希尔维·瑟维尔乘坐大巴到南锡市中心来赴我的约。本来我们说好在她喜欢的一间酒吧见面，可惜到了才发现那间酒吧还关着门。在雨中吃了个闭门羹后，我提议去位于斯坦尼斯拉斯广场的一家别致的小酒馆聊聊，因为也没有别的地方可以去了。由于担心不小心把巴黎的病毒带到南锡，我差点儿就放弃了这次南锡之旅，然而希尔维在电话里强调她只是一家精神病院的洗衣工，我没有必要冒险来采访她，这反倒激起了我来南锡的兴趣。

希尔维高兴地告诉我她的女儿吕斯·普劳特豪斯正在完成一篇关于法律承认同性恋和双性恋父母的社会学论文。作为非二元性别者，吕斯既不把自己定义为女人，也不把自己看作男人，只用代词“iel”[①]来指代自己。然而，当我采访希尔维时，我一直用女性代词“elle”称呼吕斯，因为那时候她还没有告诉母亲自己是非二元性别者。那天，我和希尔维聊了三个多小时。她是个话匣子，说起话来滔滔不绝，说到伤心处还会落泪。说累了就会停下来做做拉伸，她说：“我平常都是站着工作，得了肌肉痉挛的职业病，所以你别见怪。”

希尔维很长一段时间都认为吕斯不是她的孩子。她说：“当护士把吕斯抱到我身边时，我以为她们弄错了，因为这个孩子太漂亮了，皮肤也很白！”希尔维一家是从她祖父那一代开始，从瓜德罗普来到法国的。（吕斯补充道：“只有我是这个家庭的例外。”）邻居们总是把希尔维当作摩洛哥人，其中一位女士还提出帮她照看吕斯。“她小时候特别难带！晚上不好好睡觉，总是要喝奶。她得过毛细支气管炎，这个病还有后遗症，所以我自学了理疗，有空就会给她做治疗。”希尔维说。

吕斯从小在南锡近郊的拉克苏（默尔特-摩泽尔省）一个名为“Les Provinces”的社区长大。希尔维对我说：“我们住的地方毒品和暴力泛滥，不时会有国家宪兵队冲进楼里抓人，真是一个混乱的社区。吕斯上大学时认识了几个住在拉克苏市老城区的朋友，吕斯很喜欢他们。我们喜欢把拉克苏的老城区叫作‘度假

① 法语的人称代词有性别之分，“il”为男性第三人称单数代词、“elle”为女性第三人称单数代词。“iel”为近年来出现的一个新的第三人称单数代词，用于指代既不属于男性也不属于女性的非二元性别者。——译注

村’——住在那里的都是有钱人。”回到巴黎后，我给吕斯看了我的采访稿，她补充道：“老城区的人把我们社区的人称作‘人渣’，而我们则叫他们‘资本家’。我那几个朋友的成长背景和我完全不同，正是这种对立塑造了我对社会空间的看法。”

吕斯成绩很好，总是班上的第一名，卷子上不是17就是18分（希尔维告诉我吕斯一般都能得到19.5分），然而吕斯总是觉得只要没考到满分20分就是考砸了。她说：“我妈过去常常告诉街坊邻居说我考了满分……我就在她身边嘟囔：‘不是的，妈妈，我只考了18分！’”希尔维的记性很好，吕斯所有老师的名字她都记得。然而，吕斯对学校却有着非常糟糕的记忆，同学们经常取笑她。她对我说：“每当我不想上学的时候，妈妈就会用锤子威胁我。我对学校唯一美好的回忆只有那只带有白色条纹的黄色牛奶碗。总而言之，我不喜欢学校。不过，我是个很有礼貌的孩子，每天都规规矩矩的，因为我不想被老师讨厌。”“我的兄弟姐妹学习都很好，家里最笨的就是我。我唯一的文凭就是我的儿童教育资格证书（BAFA）。”希尔维看着我的眼睛对我说，好像在期待我有所回应。

希尔维　我自己不爱看书，但是为了让孩子们看书，我想了一些办法，比如把《麦克斯和莉莉》、迪士尼的童话故事、棋盘游戏等放在婴儿车里吸引她们的注意力。小时候没人给我讲故事，我不想孩子们也像我一样没有故事听。如果她们也像我一样不爱看书的话，我真的不知道怎么办才好了。我也不喜欢上学，但我经常给她们讲学校有多好、多棒，我其实是在撒谎。

希尔维年轻时在养老院当护工。“我喜欢给老太太们洗澡，跟她们说话。”希尔维对我说。由于养老院不能签长期合同，她就没有继续做下去。那个时候，她遇到了吕斯的父亲克里斯蒂安。希尔维后来卖过特百惠（“我讨厌组织促销活动！”），又经历了一段时间的失业（“我8点就起床在报纸上找工作了！我的父亲很严格”）。最后，她在精神病院找到了份有编制的工作便一直做了下去。“你父亲呢？”我问吕斯。她回答道：“他是一名面包师，工作时间并不正常，往往从午夜工作到第二天上午。每当在学校要填表的时候，我都会很自豪地在父亲职业一栏写下：面包师、糕点师、巧克力师、糖果师。”

“小姨克劳蒂娜就是我的丁香仙子。”作家安娜·保利带着诗意告诉我。她说的丁香仙子是雅克·德米的电影《驴皮公主》（*Peau d’âne*）中华丽耀眼的仙女教母，在这部电影中，烤蛋糕的落难公主也不像吕斯爸爸一样从午夜一直烤到第二天上午，而且公主也不是以烤蛋糕为生。

在法国诺曼底大区厄尔的卢维耶镇，75岁的克劳蒂娜·勒佩勒克斯花了一个下午打理她的花园。她和父母、姐姐弗朗索瓦丝一起这所诺曼底风格的房子里长大，虽然姐姐比她年长10岁，但她们好得亲密无间。

安娜　当我母亲生病时，我的小姨克劳蒂娜一直在我身边照顾我们。有趣的是，有了小姨的陪伴后，我的生活变得有点小资起来。比如我开始在彩釉陶碗里吃酸奶，我穿上了她给我的蓝色马海毛毛衣。在我的眼里，小姨是一个在哪里都如鱼得水的人。

在妈妈弗朗索瓦丝去世后的二十多年里，安娜一直保持着和小姨克劳蒂娜的联系。据小姨回忆，安娜的爸爸让-皮埃尔曾在位于巴黎郊区的雷诺汽车厂当工人，在遇到让-皮埃尔之前，弗朗索瓦丝做过打字员。她在23岁那年嫁给了皮埃尔，结婚后便在国库做收债员，这是一份不需要高学历就可以胜任的公务员工作。婚后她就围着炉灶转，围着她的孩子和丈夫转，她的一生就这样了，再没有其他的可能性了。由于家里穷，克劳蒂娜成为一名护士的梦想也没能实现。她找了一份行政的工作，经过多次内部竞聘后，最终做到了部门负责人。退休前她管理着喜剧演员杰拉尔·德帕迪约的报税单。克劳蒂娜说："之前我也管过女演员卡洛尔·布盖的报税单！我真的很喜欢我的工作，我手下有30个员工，我们之间的关系很融洽。实话告诉你吧，我的工资可不比老师甚至教授的少。"她的办公室位于被称为富人区的巴黎16区。"在那里工作可以方便我周五晚上回诺曼底！"她向我解释道。

安娜一家住在伊夫林省的普瓦西下卡里耶尔镇，虽然爸妈的工资不是很高，但还算过得去。不出意外的话，她的父亲将在雷诺干到退休，并坐上信息技术工程师的职位。“他们家虽然不能发大财，但也跟穷人沾不上边。”克劳蒂娜说。比如在让-皮埃尔染上酗酒之前，弗朗索瓦丝还为安娜报名了小提琴班。

克劳蒂娜　安娜的童年过得很艰难，谁让她摊上了这样一个爸爸呢？你在她的书中读到过，对吧？我们还是不要想这些往事了，一想到我那个可怜的姐姐我就很难过，她用尽了全部力量让安娜摆脱这种环境。安娜有时也会抱怨爸爸，但她参加了童子军，在童子军里交到了新的朋友，在生活中也有了新的发现。安娜是个静不下来的孩子，总是要求妈妈带她去不同的地方，找有意思的事情做，她俩最爱去的地方就是电影院。

安娜　我们并不提前计划，电影院里放什么我们就看什么，有趣的是我们发现经常来看电影的都是小镇上的富裕家庭。妈妈还带我去巴黎听古典音乐，比如巴黎普雷亚音乐厅的免费午后音乐会就是我们常去的地方。尽管钱很少，但妈妈也尽力保持优雅。她自己缝制衣服，总是熨得一丝不苟，这是她的一种骄傲。妈妈和我只是把知识当作一种游戏，从未想过通过学习来改变我们的社会阶层。我父亲痴迷于日式禅修，却也没修出什么善果。

彼时的安娜·保利无法想象，她的父亲将在2012年与她天人永隔，几年后，她将为他写下一本既伤感又幽默的小说。

米希亚姆·杜泽特的老公也是一个指望不上的人。当我俩在上午11点视频通话时，她说她昨晚失眠了，并打算就这样撑到天黑再睡。她以前做的是夜班清洁工。44岁那年，在孩子们的鼓励下她报名参加了法国助理护士考试。幸运的是她真的考过了。今年49岁的米希亚姆是我这本书中最年轻的母亲，也是唯一上过大学的人：20世纪90年代初，得益于法国高等教育的普及，米希亚姆上了大学，取得了社会学的大学普通文凭①，然后在里昂大学获得了人文科学学士学位。她当时的目标是考上教师培训学院（IUFM），毕业后成为一名教师。但是她的父母不愿帮她实现梦想，当然他们也没有能力帮助她，所以她只能靠自己。她做过看守、冰淇淋贩卖员和加油站员工，没钱买书的时候甚至在大学的书店偷过书。但当她收到格勒诺布尔教师培训学院的录取通知书时，她却不得不放弃，因为她那疾病缠身的母亲禁止她离开家，离开他们位于伊泽尔省圣罗曼德雅利奥纳斯镇的家。米希亚姆在22岁那年结婚了。她的第一个儿子托尼就是在她放弃上教师培训学院的那年出生的。而她的父母也正是在那一年双双因癌症去世。那年以后，她就搬到父母的老房子里居住，再未离开。

托尼是个特别的孩子，这让米希亚姆不知所措。

---

① 法国大学第一阶段的文凭，该阶段学制两年。——译注

米希亚姆　自从托尼上学后，我就觉得他学得太快太多了。他经常读一些与年龄不相符的书，这让我很担心。他的思想在成长，智力在飞跃，他如饥似渴地学习，我已经教不了他了。他那个工人出身的爸爸根本不管他的学习，他觉得一个男孩子应该喜欢体力活，不应该只喜欢学习，所以并不待见他。

米希亚姆惊诧地发现小托尼已经开始写起读书笔记了，她对我说："像他这样的孩子会早早地失去童年的天真。无论什么事，只要开始做了，他都会锲而不舍、寻根究底。"米希亚姆尽力让儿子能像其他孩子一样接受"正常的教育"。"老师们早就告诉过我托尼和其他孩子不一样，但是我十分抗拒给他贴上早熟的标签。他是一个那么特别的孩子，如果我一直对他强调他的与众不同，他也许会扬扬得意、自命不凡吧。我早就没把他当作一个小孩子来看待了，和他爸爸相比，我和他要更聊得来些。"托尼的初中老师们曾不止一次地对米希亚姆说，她的儿子托尼成绩有多么的出类拔萃（虽然他拒绝去上基督教的教理课，讨厌在教理课堂上与老师辩论）。他们建议托尼去申请法国最好的高中——巴黎的亨利四世高中。"我告诉他们，他们的好意我心领了，但是托尼哪儿也不去，我们就在本地上高中。几天后托尼学校的一位管理人员对我说，我的行为太过于自私了，我应该多为托尼打算些才对。他的话突然击中了我，想想也对，如果在我年轻时有人帮帮我或者鼓励鼓励我，我可能早就实现理想了吧？所以我决定不能再让托尼重蹈我的覆辙了。”

米希亚姆让年仅14岁的托尼自己准备申请巴黎亨利四世高中的材料。同时，她也在心中偷偷祈祷托尼不会被录取。但事与愿违，托尼被录取了。他甚至还自己在网上找到了在巴黎的住处——Bossuet学生公寓，靠近卢森堡公园的一栋环境优美的寓所，月租金750欧元。“没法搞到那么多钱，所以我只好找了个假证件申请了消费贷款。”托尼对我说。

托尼启程去巴黎的那天，米希亚姆差点儿就要跟着儿子跳上开往巴黎的火车了。她想送儿子去巴黎，但是家里还有5个孩子在等着她，所以她唯一能做的就是给学生公寓打了个电话，告诉他们托尼预计到达公寓的时间。

米希亚姆　家人们都觉得我太焦虑了，在他们眼里我是有点儿可笑。从火车站回来后我就瘫倒在了孩子们的床上，我在等待一个电话，一个托尼打来报平安的电话。我期待着他在电话里对我说：“妈妈我安全抵达公寓了。”托尼拖着两个沉重的大箱子走在巴黎街道上的画面在我的脑海里萦绕，我总是觉得他会出事。那一刻，我开始怨恨起他爸爸来，他应该送托尼去巴黎，即便他不想去，即便在他眼里男孩子喜欢读书和做学问就是娘娘腔。

亲爱的读者，你们大可放心，托尼安全顺利地抵达了巴黎，没出什么岔子。但是日后，巴黎将在他和他母亲的心中留下一串串难以磨灭的印记。

在我读初中时，比起去运动场上挥洒汗水或者出门见朋友，我更喜欢一个人待在宿舍里一边听着艾莉婕的专辑《美食》，一边不慌不忙地做作业，所以当米希亚姆说起周围的人都语重心长地教育她男孩子不应该只喜欢学习时，我感到无比熟悉。虽然我的爸爸从未有过这样的想法，但是我周围的很多男性也是这样想的。归纳起来，他们都在表达同一个意思："生活是在书本之外的。"我已经记不清听到过多少次这样的话了。

赫迪嘉·德格梅切有两个女儿和三个儿子，她也从未跟她的孩子们说过那些打消他们学习积极性的话，相反，她竭尽全力鼓励孩子们学习。

赫迪嘉今年60岁了，在接受我的采访时她显得有点儿心不在焉，她说明天就是周末了，她得坐火车去巴黎看她在那儿工作的三个孩子。赫迪嘉一直住在图卢兹大学城的米拉伊校区（Mirail）附近，近水楼台先得月，最近她在大学里注册了为外国移民开设的本科课程培训班。她说："我要拾起书本，因为我想当律师。"是婚姻让她过早地放下了书本，她在19岁那年就生下了第一个儿子：阿里·赫贝里。

赫迪嘉出生在阿尔及利亚的第二大城市奥兰，她在那儿长到了8岁，在奥兰的日子对她来说是一段美好的回忆。她的父亲开了家小公司，专营演出设备出租，每逢节庆便有很多人来租。这是一个需要与文化人保持联系的职业。除了带她拜访那些和文化有关系的地方之外，作为家里的独生女，爸爸还会带她去看拳击比赛和表演。她对宝莱坞舞蹈的兴趣就是在电影院里萌发的。在奥兰剧院看了一场古典舞表演后，赫迪嘉对父母说："我想学跳舞。"

后来小赫迪嘉患上了心脏病，为了给她治病，一家人搬去了法国南部城市佩皮尼昂。赫迪嘉一直以为自己还会回到阿尔及利亚，所以没把所有东西带走，其中包括她的"小泰迪熊"。赫迪嘉回忆道："我再也没能回去，我的小泰迪熊，它是那么的小，我太想它了。"赫迪嘉一家最后在法国东比利牛斯省的米拉斯安定了下来。他们的邻居恰好是米拉斯的市长，市长先生非常喜欢赫迪嘉这个总爱问为什么的小女孩。"他对我说：'凯茜（赫迪嘉的昵称），我希望你去上学，因为只有知识才能指引你取得成功。'他说无论信仰什么宗教，作为一个外国移民，想要在法国立足就只有这个办法。我记住了他的话。市长先生教会了我：只有拥有知识才能取得成功。"赫迪嘉这样回忆道。

后来，赫迪嘉的妈妈到了图卢兹政治学院做清洁工。"在我父母看来，作为一个女孩子，最好的职业就是当秘书。所以他们给我在皮吉尔学校的速记班报了名。"比起账本上规规整整的数字，赫迪嘉的婚姻只能用"十分糟糕"来形容，她在最后一个孩子出生后的9个月后离婚了，老公净身出户，她得到了一切。

赫迪嘉　我把孩子们送到私立学校上学。我非常在乎他们的学习。如果他们有一天没去上课，我会难过得就像自己生病了一样。每到周末，我都会准备好野餐，会带上孩子们去周边的古迹名胜地转转，虽然我没什么钱，但这也算是我带他们认识世界的一种方式吧。

阿里是个书迷，他的妈妈赫迪嘉说："每当我们一起去超市购物，他什么都不想逛，就喜欢一个人待在图书区看书。阿里每周都让我给他买一本《夜行幽灵》和一本《高卢勇士》。我对他说：'小伙子，你妈可是一个人养活全家，你给我省着点花！'周围的人都对我说：'你儿子长大后必定是个人物，比如律师什么的。'我也经常对他念叨：'你以后可是要读博士的。'"赫迪嘉说："我早就打定主意要让他读博士了。当年在大学里进修速记课程时，我在食堂里见到了从许多国家，特别是从尼日利亚来法国读博的留学生。其中一个女孩跟我关系很好，我还记得她的博士论文研究的是左拉，我真是太嫉妒她了。我旁听过他们的博士论文答辩，我跟着他们去图书馆自习。我也想让我的孩子长大像他们一样，实现我未实现的梦想。""她甚至想方设法为我们换学校！"阿里补充道，"为了把我们转入公立学校读四年级，她编造了一个谎言，声称我们住在我外婆家，在一个宁静整洁的社区里。"

赫迪嘉也工作过，但都是些体力活。

赫迪嘉　我在小学工作过，在食堂帮过忙，也干些清扫的活。为了避开早高峰，我七点就开车出门了。我得先穿越图卢兹城，把阿里送到贝尔维尤中学，然后再把塔里克送到朗盖尔小学，完了再把索尼娅送到音乐学院，最后把米希亚姆送到幼儿园。回到家里我还得照顾麦迪……回想起来，我都想问问自己：“你究竟是怎么做到的？”

本书中只有几个孩子读过私立学校，阿里·赫贝里就是其中的一个，他妈妈省吃俭用把他送了进去。我只读过一年公立幼儿园，之后读得都是私立学校，因为我刚好出生在9月份之后，在公立学校读小学一年级的话会比其他在9月份之前生的孩子晚一年上学，所以爸妈决定把我送去私立学校。

爸爸　有些人觉得把孩子送到私立学校读书是很令人骄傲的一件事。自古以来，公和私就是对立的两面……

妈妈　说实话，私立学校的教学质量是公立学校比不了的！虽然政客鼓吹公立学校的好处，但是他们却偷偷地把自己的孩子送去了私立学校！

57岁的安吉丽塔·托马桑可从没想过花钱把孩子们送到私立学校。我打电话给她时，她正在回家的路上。她住在瓦兹河谷省的塔维尼，上班的地方却在隔壁的伊斯兰移民较多的埃兰尼。法国政府给青少年提供了各种各样的资助，安吉丽塔所在机构的职责就是为在职业教育阶段获得资助的青少年们提供相应的配套服务。安吉丽塔出生在西班牙安达卢西亚自治区的圣达菲，她的爸爸一个人先来到法国的农场工作，后来借着“移民家庭团聚”政策，他把家人都接了过来，所以安吉丽塔小时候就跟着父母移民到了法国的乡下。像我采访过的许多母亲一样，安吉丽塔年轻时也学过速记（在那个年代，女孩最好的工作就是速记员，男孩最好的职业是机械师）。18岁就开始工作的安吉丽塔说：“刚开始工作的时候我吃了很多苦头，主要是交通不便；因为从我们村里去趟城里可不容易，早晚都各只有两趟公交车。看不下去我吃苦，我爸就给我买了辆小摩托车，有了它后我往返西班牙就更方便了。”

人生的轨迹往往在出其不意的地方发生转折：有段时间安吉丽塔在工厂的前台上班，每天都能遇到在食堂工作的小伙克里斯蒂安。

“20岁的时候，谁不是一无所有呢？”安吉丽塔感叹道。好景不长，她俩好上不久后就双双被工厂解雇了。还好他们得到了一笔可观的补偿，便用这笔钱把婚结了。他们26岁那年，第一个孩子塞西莉娅出生了，几年后他们又有了第二个孩子劳拉。后来，他们最小的孩子也来到了这个世界，可惜这可怜的孩子不幸患上了语言失用症。

劳拉告诉我她小时候是一个叛逆的女孩。关于这一点我可没忘记跟安吉丽塔求证。

安吉丽塔　我觉得她说得很对，她可不会任人摆布。[笑]她是个好奇宝宝，无论我们说什么她都要打破砂锅问到底，搞得我们都不知道怎么回答了。有时我们懒得跟她绕圈子，就直接承认不知道。

有一天，劳拉的老师对安吉丽塔说："您女儿跟老师说她不睡午觉了，因为她下午要去看电视剧《爱情之火》（*Les Feux de l'amour*）。"安吉丽塔无奈地说，她女儿最喜欢胡编乱造一些天马行空的故事，这类爱情片就是她的最爱。安吉丽塔说："劳拉是个有天赋的孩子，就是没把心思放在学习上。如果我念叨得太多，她还不爱听。她的法语老师也跟我提过这孩子总是让她操心。劳拉不是没礼貌的孩子，也不是坏小孩，但总是让人闹心。你想想看，一个十四五岁的孩子总是像大人一样跟你讲话，你心里肯定会想：'这孩子没毛病吧？'"

奉行"乐于助人"的家训，安吉丽塔加入了"第四世界援助组织"（ATD Quart-Monde），直到2016年才退出。"我经常自问我能为那些遇到困难的人做点什么。我会去帮助那些居无定所只能住在房车里的人，给他们送些救济食物，帮助他们申请住房补贴。"（劳拉补充道："我妈加入了一个天主教的慈善组织，这些都是在组织的带领下做的。"）安吉丽塔又说："我老公克里斯蒂安也加入了我们，他负责开大巴接送那些家境不好的孩子去游泳，我们组织吃年餐的时候他也会来帮忙。女儿们长大后也会来我们的年饭活动打打杂，做做服务工作，挣点儿零花钱。"

多年以后，劳拉在20岁时建了一个剧团，她把剧团命名为"市立游泳馆"。这是不是在向她父亲致敬呢？"我不知道，她从没跟我提过。”安吉丽塔心不在焉地回答道。然而，劳拉早就告诉过我这个名字确实是在向父亲致敬。

都说父母之债难以偿还，我们这些“向上爬”的孩子们心里更觉得亏欠了父母许多。所以我们总想着做点什么来弥补，正如劳拉给她剧团取的名字一样。最后一位受访者奥蕾莉·瓦洛涅也是这样做的。她在她的小说中引用了大量其母亲科琳娜·瓦洛涅平常爱说的话。

科琳娜·瓦洛涅住在距巴黎南部10公里以外埃松省的马西。马西是个新建的卫星城，科琳娜说她看到这种呆板单调的城市就没有踏足的兴趣，所以她从未去城里闲逛过。科琳娜年轻时想学儿童教育，但是阴错阳差地学了美容美发。

科琳娜　我一开始是在美容沙龙做学徒，工资很少。16岁到18岁的时候，我从早到晚都在帮客人脱毛。后来我遇到了我的丈夫米歇尔，那时候他在修车行做喷漆工。很快，奥蕾莉就出生了，她的弟弟妹妹也接连从我肚子里蹦了出来！

我问道：“你跟米歇尔是在哪儿认识的？”

科琳娜　我们是在迪厅认识的［笑］。我们很快就在一起了，因为我当时心里只有一个念头，就是赶快离开爸妈搬出来自己住。

奥蕾莉·瓦洛涅出生那年，科琳娜只有21岁。她幸运地申请到了一套政府廉租房，而且房子的面积还不小，至今她都还住在这套房子里。奥蕾莉出生后，科琳娜就不再去上班了，她把全部精力用来照顾奥蕾莉和她三年后出生的弟弟。为了赚点儿钱补贴家用，科琳娜还给她在美容沙龙的前同事看看孩子。“那时候我在家带奥蕾莉和她弟弟，同时还要帮别人带孩子，累到不行，但是我老公还觉得我在家里闲着。”

奥蕾莉·瓦洛涅读上小学后，爸爸妈妈离婚了。科琳娜在附近幼儿园找到了一份教辅的工作。科琳娜告诉我：“我不想再回到美容院上班了，我不想每晚工作到7点半才能回家，我不想周六也要上班，我不想把孩子们扔在家里。所以我决定去幼儿园找工作，事实证明我的这个决定实在是太明智了。”

奥蕾莉·瓦洛涅是一个有主见、有抱负的孩子。科琳娜带过许多孩子，所以她知道奥蕾莉的与众不同。奥蕾莉·瓦洛涅小学时就开始读米切尔·恩德的系列奇幻小说《无尽的故事》。“这套书本来是写给大孩子的，没有配图，全是文字，但奥蕾莉也读得津津有味。”科琳娜补充道。奥蕾莉·瓦洛涅承认：“这确实值得骄傲一下，看完这套书可是花了我一年的时间。”老师告诉奥蕾莉·瓦洛涅她可以申请跳级，但害怕女儿跳级后没法适应高年级的生活，科琳娜拒绝了老师的提议。

科琳娜　我知道她怨恨我，因为她们年级一个学习没她好的女孩儿都跳级了！唉，青春期的孩子性格都比较要强。但她很快就调整好了情绪，在学校里拼命表现，成了老师的左膀右臂！她最喜欢让我带她去多媒体中心。在那儿，她就像“蝗虫过境”一般，非得把所有的书和电影都看一遍才罢休。（“我什么书都看，总觉得没有最好只有更好。”奥蕾莉说。）

科琳娜对小镇电影院的减免活动了如指掌，周三下午她都会带孩子们去电影院看动画片或者家庭喜剧片。

科琳娜　好吧，因为我们去博物馆的次数太多了，所以我想带他们去别的地方，电影院确实是不错的选择。我没带孩子们去过巴黎，因为我不太喜欢巴黎，而且作为一个要养两个孩子的妈妈，我真的没有时间和精力带他们去那么远的地方。

妈妈和女儿之间的关系总是一言难尽，复杂又矛盾，科琳娜和奥蕾莉·瓦洛涅也一样。“总有一个人要让步的，如果没有人愿意低头，那么我们就会吵得越来越凶。”科琳娜这样总结道。奥蕾莉·瓦洛涅也承认：“我的毛病就是比较倔。”她的梦想是成为作家或者共和国总统。她妈妈笑着模仿她的话：“没错，她总是说‘当我长大后，我要……，我要……’”

奥蕾莉·瓦洛涅有时候对妈妈也不是那么友好。“当妈妈说话犯了语法错误时，我就会指责她，我还会怨恨她，我觉得她犯的错会让我混淆语法，会影响我的成绩。我那时候确实态度不好，说话挺恶毒的。”

科琳娜　有时候我都不敢在她面前说话了，因为她总是会说：“你说得不对！”所以为了逃避她的指责，我经常跑到美发店和朋友们待在一起。尽管如此，我讲话时还是会经常犯语法错误。我对我的朋友们说：“你们看，我现在都不敢说话了，我一说错我女儿就会说我。”奥蕾莉总是忍不住指出我的语法错误，但是我总是记不住，一而再，再而三地说错。唉，算了，人们不都说“青出于蓝而胜于蓝”吗？

根据学区划分，奥蕾莉·瓦洛涅与她最好的朋友将上不同的初中。奥蕾莉·瓦洛涅上的是位于廉租房小区中心那家“恶名昭著”的热拉尔-菲利普初中。机灵的奥蕾莉·瓦洛涅想出了一条妙计：如果她俩都选德语或者拉丁语作为第一外语，那么她俩在高中时就能见面了。奥蕾莉·瓦洛涅的父母都不理解她的选择。他们说：“你为什么要学德语？你应该学西班牙语！至于拉丁语，早就没人用了，你学它干吗？”奥蕾莉·瓦洛涅在11岁时就有胆量把小学的校领导们召集到一起开会，建议他们开设德语课和拉丁语课。

初中时，整个年级只有9个人选了德语或拉丁语作为第一外语。“除了我之外，我们外语小组的同学的父母都是律师或者老师。

跟着这些同学，我成了剧院的常客，他们带着我去巴黎玩。虽然巴黎距离我们马西只有十多公里，但是之前我从未去过。”奥蕾莉・瓦洛涅对我补充道。读初中时，奥蕾莉・瓦洛涅已经出落成一个大姑娘了，学校里和家附近的小混混们经常骚扰她。“他们坐在我家楼下的长凳上对我吹口哨，说些吓人的话。为了避开他们，我经常走地下室回家。那时候我有点草率了，走地下室被强奸的概率更大，还好什么都没发生。廉租房小区是很可怕的，不小心就会在开关和电梯按钮上摸到浓痰，到处都是小便的味道。”奥蕾莉・瓦洛涅回忆道。

科琳娜　有一次，奥蕾莉穿了一条白裙子，有个疯子故意把一桶油漆倒在了她的身上。虽然我尝试过用各种方法清洗，但都无济于事，这条裙子再也没法穿了。一个人得多坏才能这样对待一个女孩！

说到此处，科琳娜的声音里还透着愤怒的颤抖。科琳娜是个爱操心的人，做什么都按部就班、小心谨慎。而奥蕾莉・瓦洛涅则很重视结果，为了取得一个好结果，她可以不顾一切。

奥蕾莉・瓦洛涅　初中时，我一度处于第二名。我是一个争强好胜的人，所以为了坐到第一名的位置，我铆足了劲地学。我是那种知道自己想要什么的人，但我的父母不同，他们从来不敢在别人面前表现自己。除了我之外，我们家的人都不想跳出圈子看看外面的世界。

在面向社会中低阶层开设的普通公立学校中，学霸的日子并不好过。在大部分孩子眼里，只有书呆子才会对老师言听计从，挑战学校权威才是特立独行的表现。女学霸们被称作“怨妇”，男学霸们被当成“娘娘腔”，在这种气氛下，没人想成为学霸。和奥蕾莉·瓦洛涅一样，我既没有大块头也没有高强的功夫，虽然我爸妈给我报名了柔道课，但我从没去上过（不过我还是要感谢他们），所以为了避免惹上麻烦，我在学校里会尽可能地做个透明人。我觉得自己变成了一只变色龙，艰难地适应着不同的环境。

初中毕业后，高中择校成了摆在学生和家长面前的头等大事。因为成绩好，我们这些曾经惹人嫌弃的“四眼仔”也开始被人羡慕起来了。我的同学莎拉在初中毕业相册上给我的留言让我意识到，好成绩已经让我成了别人酸言讽刺的对象。她说：“吻别了，阿德里安！虽然你总对自己的好成绩沾沾自喜！”

第三章

迷失方向

我爸负责驾驶我们格勒诺布尔的第33路公交车，在他的行车路线上，蜿蜒分布着我从小到大读过的学校：第一站是我们美丽的丰丹尼尔–科尔尼隆村，我的幼儿园就在村里。如果你在圣马丁·勒维努站下车，就会看到我的初中——沙赫特鲁兹中学。终点站是市中心的维克多·雨果广场，我就读的珊波里农高中就在附近。初中毕业时，如果我没算错的话，我们班45人里只有11个人选择上普通高中（差不多是四分之一的人），其他人都去了职业中学。而我就是那11个人中的一个。

和前面提到的那15位“神童”一样，初中毕业后，我们都站在了人生的十字路口。不仅我迷茫，我的父母也很迷茫：求学之路接下来该怎么走？哪条路才是对的？一些未雨绸缪的尖子生早就打定了主意，准备在高中毕业后读两年预科班然后参加各所大学校的入学考试。预科班的两年是十分痛苦的，大学校的录取率也很低，所以看着孩子们选择走这座艰难的独木桥，老师们也很担心。当然，尖子生中也有人选择在高中毕业会考直接就读普通大学。与大学校的高门显赫不同，在普通大学混的就是一个文凭的高低，那自然是文凭越高越好。研究教育政治学的社会学家阿涅斯揭露了这样一个事实，那就是法国高中教育分流体制纵容和加剧了法国社会阶层间的不公平。2018年，阿涅斯在法国国家科学研究中心对她的一次采访中表示："自从网络志愿填报系统替代了传统的大学录取方式后，富裕家庭的考生可以聘请专业人士对他们填报志愿进行辅导，让他们最大可能地被心仪的院校录取。然而，普通家庭的孩子只能靠自己。他们得到的帮助仅限于志愿填报系统的使用方法，而不是填报策略。学校的老师也只是稍稍提醒一下填报的日期，对系统里成百上千的学校和专业选项则讲得很少。"她补充道："在底层社会中，只有20%的家庭把志愿填报当作一件正事来讨论，而在上层社会中，60%以上的家庭会经常性地讨论志愿的选择与填报。"

我惊奇地发现，高三时，几个和我同在文科班的女生（她们的父母是老师）早在3月份就已经整理好了一套大学校预科班的择校攻略。和绝大部分人一样，我完全不知道需要做这种攻略。我的家人们也对这事摸不着头脑，他们对此充满疑惑："预科班是为什么做预备？为大学校吗？这是上学？难道不是一种职业吗？"我也曾考虑过像那几个女同学一样，做好缜密的计划，多报几个预科班。最后我给出了自己的决定：只申请一所高中开设的预科班，那就是我的母校珊波里农高中。原因？三年美好的高中生活让我舍不得离开这里。我在申请材料上罗列了我作为一名好学生取得的各种成就，但可惜的是，我没被录取。可能有人会觉得我太自大了，他们绝对是这样想的："这小子以为自己有多了不起？觉得自己只申请一所高中的预科班就能如愿被录取？"亲爱的读者，您应该明白，我并不是自大张狂，只是完全不想遵守这套游戏规则而已。

位于社会底层的父母觉得孩子在16岁左右就应该出来讨生活。他们会向孩子灌输这种思想，并为他们找些小活先干着。就像他们年轻时那样，从少年无忧无虑的时光陡然切换到大人的世界。这种一夕之间的转变让青春期的痛苦在他们身上放大了一倍，因为他们必须尽快直面人生，学会生存。知道前方父母为其安排的道路是如此艰难，那些不甘心的孩子们才会打定主意好好学习，有朝一日可以脱离人生的既定轨道。然而，父母们却早已跟不上孩子们的学习进度了。他们只能或近或远地监督着孩子们的学习，但是再也没办法辅导孩子了，因为他们已经看不懂课本里讲授的知识了。对于大部分家庭来说，这就是父母与子女之间隔阂的开端。

作为家里7个兄弟姐妹中唯一参加了高中毕业会考的人，玛尔蒂娜·贝利亚的求学之路在1974年走到了终点。家里没有能力继续供她上大学，她只好在18岁时出来工作，没能继续上学成了她人生的一大憾事。

玛尔蒂娜 在那个年代，不上大学是很普通的事。没有人关心我的学习。我靠自己通过了高中毕业会考。在我父母眼里，这根本不是什么大事。有一天，一个叔叔在聊到大卫的时候对我说："他考完会考又能怎么样呢？没用的，学那么多对干活有帮助吗？"你看，这就是那个年代人们的普遍想法，而我就是要挑战这种落后的想法。

玛尔蒂娜做到了。在家里四十多个堂兄弟和表姐妹中，只有玛尔蒂娜的两个儿子大卫和马修上了大学。

大卫 我给自己定的目标是第一名，但是我妈觉得只要能通过高中毕业会考就行了。自从我去沃苏勒上了高中后，爸妈就管不了我了。他们也没法想象我会有什么样的未来。对我来说，学习是我逃离的工具：我用尽了所有力气学习就是为了脱离我这操蛋的生活圈子。

大卫尽情地对我宣泄着他的愤慨，他不仅对原生家庭不满，对他的同学也没什么好印象。他说："那时，学校里有钱人家的孩子天然地组成了一个圈子，这一小撮人根本不在乎成绩，考试不及格对他们来说也没什么大不了。还有我特别讨厌那些因为抗议而堵住校门的人，如果谁让我上不了学，我也不会让他好过！”

玛尔蒂娜　我知道大卫在好好上学，但是我不知道他学得那么认真。在高中会考前，他对我和他爸爸说：“虽然我很想上商学院，但是我决定放弃，因为太贵了，你们根本承担不起。”我对他说：“不不不！你想上就上！不要管我们。大卫你听着，我不想听到这样的话，你想做什么就去做。我们会想办法凑够学费。”

在考完高中毕业会考后和预科班开始前的这段时间里，大卫去了他爸爸工作的建筑工地上打工。大卫说：“我爸人狠话不多，有次我忘了穿安全鞋，为了让我长记性，他直接扔了个锤子过来，落在距离我的脚几厘米的地方。”玛尔蒂娜笑着说：“他在工地上真的吃了不少苦头。比如回到家，他会说：‘还有两天就解放了。’[笑]他用手在空气中画出铁窗的样子，告诉我他就像被关在监狱的犯人。”同样，大卫也在妈妈工作的精神病院打过工。

还记得17岁的那个夏天，我被叔叔叫去农场帮忙。我在地里采生菜装箱，拔萝卜，用50公斤的小身板推动巨大的蓝色手推车。一不小心，车被我推翻在地。看到自己被弄得伤痕累累，手掌也磨起了水疱，我崩溃地大哭。但看到自己干了那么多的活，我突然感到了一种成就感，这种感觉比我在学校考了满分还要好。晚上回到家里，我躲进浴室，把身体沉入浴缸，长久地享受着热水的抚慰，这就算是对一天辛勤劳作的补偿吧。

妈妈 那年夏天非常热，我都病倒了。我发现你从农场回来后手上血迹斑斑，但是你从来都没有向我们抱怨过一句。

爸爸 你那时想趁暑假打打工，赚点零花钱。虽然辛苦，但你不是也顺便领会了人生的真谛吗？生活就是一场磨难啊。苦一点累一点很正常嘛，你看很多大学生不也一边读书一边打工吗？

妈妈 我也觉得是这个理，年轻人别天天泡在书本里，需要出来干干活，接触一下社会，也能学到不少东西。

爸爸 对，就像我们年轻时一样。你的寒暑假有两个月那么长，我们出去度假花掉两周，然后你在地里干一到两周的活。得让你有点事干！

帕斯卡利娜·博奈在上大学前也曾给家附近的菜农打过工，她负责在田里采收大葱。这份工作实在太辛苦了，所以不久后她就放弃了。帕斯卡利娜对我说："我妈知道我不干了以后骂了我三天，她说：'我还没告诉你外婆你就这样甩手不干了。'我的家人们都认为劳动是天经地义的，我得任劳任怨地在地里拔两个月的大葱，不能有任何怨言。如果我拒绝，他们会觉得我连这点小活都做不好，对，我承认我就是个废物。"

玛丽-克莱尔 我经常说："人得逼一逼自己。"说实话，帕斯卡利娜在学习上是丝毫不用我们操心的。另外，她也在捕虾季到来时去虾类制品加工厂干过，这工作确实不容易。她还在冷冻厂干过，那儿的环境也挺艰苦的。我只能说她不太适合采收大葱。

帕斯卡利娜一直想学戏剧和意大利语，所以她没怎么犹豫就申请了寄宿制的列奥纳多·达·芬奇高中，一所位于蒙太古的公立学校，里面的大多数学生都出生于知识分子家庭。帕斯卡利娜的父母很高兴她被录取了。“我们知道她老早就想离开家了。虽然一个人照顾自己很辛苦，但她想要的就是这样的独立。”帕斯卡利娜的父母对此这样评论道。帕斯卡利娜对她的高中生活很满意，因为她遇到了很多意气相投的朋友。在家里，她觉得跟父母讲话很没意思，他们都在忙着咖啡馆的生意，彼此根本不在一个频道。帕斯卡利娜承认来到新高中后，她变得更加个性飞扬了，对此她的妈妈也举双手赞同。

玛丽-克莱尔　我家的几个孩子都很自信，放在孩子堆里一眼就能认出。我和她爸爸要管咖啡馆，周末都很忙，所以没法给孩子们正常的家庭生活。可能就是这样的生活让他们独立又自信吧。

帕斯卡利娜　如果你从小在父母工作的地方长大，就会对他们的工作耳濡目染。就像我从小就知道赚钱不容易，平常也会给他们打打下手，所以我对做生意的各个环节都了然于胸，看账本也不在话下。

虽然在寄宿制高中上学，但是每个周末帕斯卡利娜都会回到家里的咖啡馆帮忙。爸妈会跟她聊些咖啡馆里的趣事，比如最有钱的客人并不是最大方的。（我妈告诉我：“你看，这些有钱人是不会抢着买单的，他们来店里只是为了看看我们普通人的生活。”）帕斯卡利娜的爸妈还教她不要轻易发表自己的意见。

帕斯卡利娜 根据我爸妈的理念，在我家咖啡馆工作的人必须保持中立态度，要记住，“你是为客人服务的。所以，如果你不同意客人所说的，你不要说出来。如果客人是一个法西斯分子，那你心里知道就好，不要生气，就让他说呗”。某一天，我觉得这种思维应该改改了，我遇到事儿绝不沉默，必须得跟人辩个明白才行。

帕斯卡利娜把平日在咖啡馆学到的察言观色的功夫带到了高中校园里，所以她交到了许多比她大的朋友。当时，一名在攻读音像专业高级技师文凭的朋友向她提议一起去“学电影”。

帕斯卡利娜 电影王国的大门在我面前轰然开启。某天，那个男孩子告诉我雷恩市有一所电影学院。我问他：“那我去那里上学的话是不是可以看三年免费的电影？”他说没错。我说：“太好了，这就是我要读的学校。”其实我早就打听过几所电影学院，但是之前一直觉得它们高不可攀就没有申请。另外，我申请雷恩的这所学校也是因为它的学费比较低，我爸妈完全可以承受。

玛丽–克莱尔　说实话，我没考虑那么多。我们只想让她能做自己喜欢的事。当然，我们不太清楚她在电影学院毕业后能做什么！但是我们才不担心呢。因为我和她爸爸也从没把一份工作做到退休。我和她爸是这样想的："她这也算是积累了一份经验，如果觉得自己不适合，那她可以再尝试其他工作啊。"

最终，帕斯卡利娜的父母把咖啡馆关了。"我们太累了，"玛丽–克莱尔对我说，"顾客越来越年轻，我们年纪越来越大，实在应付不过来了。"听到关店的消息，帕斯卡利娜伤心不已，她感觉自己的"小天地"消失了。她说："在我的生命里，我家的小咖啡馆就是我的根。"

咖啡馆关门后，帕斯卡利娜的爸爸贝纳尔在一家运输公司找到了工作。他一开始只是在这家公司做兼职，后来做成了全职。妈妈玛丽–克莱尔一开始就去政府的人才中心找工作，人才中心的人建议她先上个油漆工培训班。2006年培训结束后，她在一家建筑公司做油漆工，一直做到了今天。帕斯卡利娜则去雷恩学电影了。

还记得帕斯卡利娜家的咖啡馆吗？在遇到难缠的客人时，她的父母总是喜欢装糊涂、打圆场。对于父母的这套处事方式，帕斯卡利娜曾经不屑一顾，她说："我遇到事儿绝不沉默，必须得跟人辩个明白才行。"她的话让我想起了我的妹妹索莱娜。我爸妈也曾教育过我们祸从口出，不要把话说得太极端，少谈些政治。然而，我的妹妹索莱娜却听不进去爸妈的谆谆教诲。那些对她讲性别歧视或者种族歧视笑话的人都被她一一顶了回去。我真的很欣赏她。

与我家的情况相反，霍卡雅一家非常喜欢谈论政治。霍卡雅对我说："我家里人整天在讨论密特朗和帕卡，总感觉他们在给这两个人下注似的。当我在电视上看到让-玛丽·勒庞时，我问我妈：'她是谁？'我妈说：'这个人不喜欢我们。'"希拉克在1995年——霍卡雅17岁那年——当选了法国总统。霍卡雅还记得希拉克当选总统后，她家人那难看的脸色。"我们不喜欢他在当选巴黎市长时那些批评北非移民又臭又吵的种族主义言论。"霍卡雅的妈妈马拉梅·迪亚洛说："希拉克这个人平常还是很不错的，他是为了选票才这样诋毁我们的。"马拉梅不太关心塞内加尔的政治，但是来到法国后，她居然看起了《鸭鸣报》。"有几次，我妈居然比我更早了解内幕，她像追肥皂剧一样追政治新闻。"

在高中，霍卡雅迷上了漫画，加入了学校的日本漫画社。"社团里有很多人的家庭跟我不一样，但是我们因为日本漫画走到了一起，所以不太关心彼此的家庭背景。我们社团不只研究日本漫画，我们也会讨论电视剧，比如《吸血鬼猎人巴菲》或者《X档案》，我们都挺喜欢看的。总之，我并没有感觉自己与别人有什么不同。"

马拉梅　只要是她想做的事，我们都会支持。无论是想学画画，还是想学日语，只要不是去干坏事，我都会对她说："去吧！"

霍卡雅　我妈把我们照顾得很好。我们兄妹几个都挺难伺候的，我们不喜欢吃塞内加尔菜，所以我妈得做两份饭。一份是她和我爸吃，一份给我们吃。现在回想起来，我都会觉得自己真是太过分了！

霍卡雅·迪亚洛在巴黎北郊拉库尔纳夫的雅克·布赫尔高中读书时交到了几个好朋友，这份友谊一直延续至今。他们中的一个女孩现在当了律师，另一个女孩成了法学家，一个男生当了工程师。霍卡雅想了想说道："因为我们都上了大学，共同话题比较多吧，所以彼此还保持着联系。我还发现，我们的父母都很重视孩子的学习。"比如霍卡雅的父亲伊斯马埃尔和她闺蜜的父亲都是学校家长委员会的委员。

霍卡雅在巴黎十三大的维达勒兹校区上学，之前提到的帕斯卡利娜在雷恩大学学电影。和她们一样，我也在普通公立大学上学，我在格勒诺布尔的大学城念书，学的是现代文学。但是爸妈总觉得我的选择是错误的。

妈妈　公立大学毕业后能找到什么工作？谁都不清楚。看到你上了公立大学，我们不反对，但是真的高兴不起来。

爸爸　高中毕业后，你说要去上普通公立学校，我觉得一切计划都被打乱了。我们还是希望看到你在珊波里农高中继续上预科班。

我　当时我和你们一样，完全是蒙的，没搞清楚预科班是怎么一回事就匆匆递交了申请。

妈妈　我们本来应该好好研究一下你的志愿，你也应该早早地跟我们谈谈你的想法，但你什么也没跟我们说。如果我们好好准备一下，就不会那么措手不及了。

爸爸　不去也好，预科班很辛苦，进去了就是疯狂地刷题。我想你已经从你那些去珊波里农高中上预科班的同学嘴里听说了吧？

除了漂亮的成绩，图艾在学校里也很引人注目。他衣着光鲜，染着头发，让人一眼看不出他属于哪个社会阶层。图艾说："这身打扮就是我的护身符，那些无聊的人看到后就不想再来追问我的出身了。"

图艾有很多富人朋友，这些朋友的妈妈很喜欢他，冬天还会邀请他一起滑雪。图艾告诉我："她们对我妈说：'别担心，你儿子只需要买好火车票就行了，其余的我们来负责。'每次参加这种集体活动，我就是负责活跃气氛的，只要我在大家就不会冷场。唉，像变色龙一样看人脸色、随机应变其实是很累的。"

当好朋友的父母提出各家一起聚餐时，图艾会拒绝带父母一起参加。"这是一种自我保护，其实也是为了保护我爸妈，"他在我的注视下坦诚地说，"还好没带他们去，不然这将是一场灾难。他们会毫不犹豫地跟我去，该吃吃该喝喝。当别人跟他们搭话但他们听不懂时，他们就会大咧咧地说‘这个我们没见过’，‘这个我们没听说过’。我相信他们会很开心地吃完这顿饭。但我不同，我根本不想让我的好朋友们见到他们这副样子。”

在巴黎布洛涅森林北部有一座美丽的动物园，图艾16岁时曾在这里的马场工作。

冉恩　我从不对他说：“你必须去工作，去赚钱。”我只说：“妈妈希望你身体健康，能做自己喜欢的事。”但穷人的孩子早当家，图艾从小就陪我上班，早就知道谋生不易。不知道他有没有跟你提过他的第一份工作？那是一个寒假，他在巴黎动物园找了份马场的兼职。我还记得他上班后的第一个星期巴黎一直在下大雨！他对我说：“妈妈，我上班时超想撒尿，但不敢离岗，就一直憋着。”老板就让他一个人在马场上，那时候他才16岁啊。不管多苦多累，他都很好地完成了工作。

作为一名汽修工人，图艾的爸爸从儿子出生后就希望他成为一名医生。他的几个兄弟在美国定居，所以老早就谋划着把图艾送到美国学医。但图艾早有自己的打算：他高中就放弃了读理科，选择了商科。高中毕业后，图艾决定申请大学科技学院①的信息与交流专业。“我从小就喜欢平面设计和时尚的东西，我对市场营销

① 法国大学科技学院（Institut Universitaire de Technologie，即IUT）属于综合性公立大学的一部分，是法国大学高等教育的第一阶段，学制三年，毕业后可拿到学士学位。但IUT招生选拔严格，被誉为公立大学中的“精英学院”。——译注

也挺感兴趣。所以我早就想好了将来要读什么专业，毕业以后要做什么工作。”

看到我那差劲的理科成绩后，我爸妈就放弃了让我学医的愿望。所以当听到我申请了大学科技学院的信息与交流专业后，他们一颗悬着的心总算是放下了。因为招生手册是这样写的：本专业应用性强，就业前景好。

爸爸 你知道自己喜欢什么，想要什么，你不是差点儿就要去读那个……那个叫什么来着？

我 高级技师文凭吗？那时我想读的是视听专业。

爸爸 对，就是这个。还记得我们一起去看了你想读的科技学院吗？我还记得那个学校在格勒诺布尔火车站附近。那天是大学开放日，还有咨询顾问接待我们。

妈妈 是的，我们三个一起去的，但我们没在那个学校逗留多久。离开学校后，我们去了格勒诺布尔的Alpexpo会展中心看招生展，有好多学校。我们一家一家地咨询，最后抱着厚厚的一摞招生宣传资料回家！［她在空气中比画着那堆资料的厚度，看起来比各种版本的《圣经》加起来还要厚些。］

爸爸 对呀，我们还去了格勒诺布尔的学生沙龙。在停车场，我们见到一辆辆大巴满载着学生，从尚贝里和安纳西来参加活动。我记得我们还陪你去过其他城市参加了好几次这样的招生活动。

妈妈　我们在会场四处咨询，搜集信息，就是想让你能选个好学校。

像图艾一样，我也申请了科技学院，但我被拒绝了。

和我不同，优秀的奥蕾莉·菲利佩蒂却因为选择太多而苦恼。她初中毕业后便离家去梅兹读高中。她的老家在一座工业小城里，来到梅兹后她发现，比起老家，梅兹人似乎生活得更加富足惬意。也是在梅兹，她第一次被人问起自己的意大利姓氏有什么来头。她这才发现，原来对老家的小城人来说习以为常的意大利移民在梅兹却很少见。

奥蕾莉·菲利佩蒂　来到梅兹后我才知道衣服还有那么多的牌子，人们有多喜欢开派对，同学家的豪宅是那么漂亮。和我一个宿舍的女生家里经营着一家超大的货运公司，当她的父母得知我爸妈是共产党员时，他们的表情就像见了鬼一样！［笑］有时，别人会问起我父母的职业，每当我告诉他们我爸是矿工时，他们都会被吓一大跳，看我的眼神也变得复杂起来。

奥黛特　是的，我们知道她到梅兹后认识了很多医生的孩子、律师的孩子和商人的孩子……但是万幸她没变。如果她变了，我和她爸可不答应，我们会挽救她的！［笑］

亨利四世高中是法国最好的高中，奥蕾莉最终收到了这所高中预科班的录取通知书。但是事情的发展并未像预想中那么美好。

奥蕾莉·菲利佩蒂 当时亨利四世高中没有女生宿舍，这意味着我得在巴黎找房子。而我找房子的经历就像一场冒险。第一次是我妈陪我去的，回想起来，那次真的吓到我们俩了。经人介绍，我们拿着准备好的神父推荐信和洗礼证明去学校附近的一家修道院看房子。修女为我们打开了一间公寓，我俩进去一看才发现环境太糟糕了——马桶居然就在厨房里面！我俩被吓得仓惶而逃。

第二次看房是我姑姑、我叔叔和我爸爸组团陪我去的。我们四个人的巴黎之行就像一部20世纪70年代的意大利喜剧片那样可笑［大笑］。真是丢人丢到巴黎去了［笑］！当时我也收到了梅兹中学的预科班录取通知书，需要尽快决定选哪一所学校。看了好几处房子后，我们来到一家咖啡厅休息。坐下后，我姑姑崩溃地大哭，一边哭一边告诉我爸不能把只有17岁的我扔在巴黎，还说待会儿我们就去亨利四世高中找校长，告诉她我们不念了。当我们走到中学的中庭后，我爸这个“天才”却说他不想上去了，让我的姑姑和叔叔——一个家庭妇女和一个冶金工人——跟我上楼去找校长，而他在院子里等我们。见到校长后，我姑姑又开始哭泣，校长安慰我们道：“您别担心了，您的侄女在梅兹读书也很好啊，那里挺适合她。”校长说完长舒了一口气，似乎解决了一个棘手的社会问题。听完校长的话，我觉得冥冥中某个重要的东西已经从自己眼前悄悄溜走了。

知道女儿第二次去巴黎的经历后，奥黛特很焦急，她说："那位校长知道我女儿很恋家，所以她建议奥蕾莉就在梅兹上预科班，虽然梅兹的中学没有亨利四世高中那么显赫，但没关系，反正我们奥蕾莉有去处了！"

在巴黎往返布鲁塞尔的列车上，三个50岁左右的妇女正围坐在一起愉快地谈论着孩子学习的事。车厢内，几个想要睡觉的旅客和几个在笔记本电脑上摆弄PPT的人不禁向她们投去一道道几乎能杀死人的目光，她们却对此视而不见，聊得愈加火热了。她们好像在进行一场关于法国教育体系的知识竞赛，比赛的水准还不低："进入大学校的正确路径""法国有哪些著名的高中？""应该参加什么外语游学旅行团？""应该报什么辅导班？"，最后还批判了一下政治学院的招生考试改革。在她们看来，改革后，与政治学院签过合作协议的几所有名高中将大大受益，却降低了她们家宝贝的录取率。为了让她们清醒一点，别那么偏激，也为了拯救车厢里和我一样不幸的乘客，我起身向她们走去。我给她们讲了法国前文化部部长因为找不到住处而拒绝了亨利四世高中的故事。三位阿姨听完后迷惑了，嘟囔道："这怎么可能？"到站后，我带着复仇的快意下了列车（自从听了我的话后，她们三个聊天的声音明显小了很多），三位阿姨也让我体会到，法国社会各阶层对子女教育的关注是多么不同。

其实我还可以给这三名对法语高等教育体系了如指掌的阿姨讲讲我的朋友米歇尔·罗斯的故事。米歇尔与他的爸爸分别给我讲了两个不同的故事。

米歇尔 15岁的时候，在一次家庭会议上，我对全家人说我长大后想做兽医。我爸瞥了我一眼，说："什么？兽医？你将来是农民，跟我们一样。"那是我第一次反抗他，而我爸一心只想让我当农民，作为家里唯一的男孩，除了种地，他不会同意让我从事其他的职业。我的老师们告诉我爸："你儿子是个好学生，你得让他读大学。"但对于我爸来说，学习好并不是什么值得夸耀的大事。

每年夏天，从早上6点开始，米歇尔和他的妹妹就下地挖土豆了，直到被8月午后的烈日烤得受不了了才能回家。（米歇尔回忆道："我们穿着长筒靴，脚陷进淤泥里，手伸到混合着粪肥的土里挖土豆，真让人受不了。"）当我与米歇尔的爸爸杰基视频连线时，我向他抛出了一个问题：为什么一定要儿子做农民？他却支支吾吾地说自己记不得有这回事了。

杰基 没有这回事儿吧，我从没对他说过这样的话。我儿子从小就不喜欢种地，我记得我从没让他下过地啊。

我 所以也没有挖土豆这件事？

杰基　是的，虽然说8月份是收土豆的季节，但我不记得他来地里帮过我们。

视频采访时，米歇尔的妹妹伊莎贝拉就坐在杰基身边，是她在杰基的电脑上安装了视频软件和摄像头，没有她的帮忙这次采访还没法完成呢。伊莎贝拉听完杰基的话，忍不住插话道："你说什么啊？我们从10岁开始就帮你们挖土豆了！"杰基只好投降："是吗？好吧，你们好像帮过我。"透过摄像头，我看见杰基脸上闪过一丝狡黠的坏笑。

小时候的米歇尔·罗斯只知道自己不想接手爸爸的农场，但也不太清楚长大后想做什么。高三的地理老师对米歇尔提过几次政治学院，所以米歇尔向普罗旺斯艾克斯的政治学院提交了申请。米歇尔说："当时我对预科班完全不了解，也不太清楚政治学院是什么样的学校，我周围的人都不太懂这里面的弯弯绕绕。所以我很后悔当时没有申请巴黎政治学院，我对政治学院的排名没有概念，只知道离家最近的就是普罗旺斯艾克斯政治学院，所以我就申请了这所学校。当时对我来说，这所学校已经足够好了。家里人都不理解我的选择，比如我爸会问我：'政治学院是什么东西？难不成你毕业了还想当总统？'他觉得我的选择简直是离经叛道。"

杰基的坏笑背后藏着什么？他知道自己的一厢情愿给儿子带来了多大的伤害吗？父母们对我们的期待从何而来？

“我早就想逃离了。”奥利维耶·塞亚尔对我说。他在高中时就迷上了时尚，为了挣到买衣服的钱，在一位大姐姐的介绍下，他每天放学后都会去蓬塔尔利耶市的一家披萨店打工，在后厨洗碗。焦虑的奥利维耶下定决心要赚钱养活自己，不再依靠任何人，他说：“我讨厌一成不变的日子，我要换个活法……我不知道从哪里来的信心，总觉得前方有一种更好的生活在等着我，太奇怪了。”

奥利维耶有一个大他10岁的哥哥，在巴黎某个政府部门工作，奥利维耶小时候经常去巴黎找他玩。难道是这位哥哥给他的信心？

奥利维耶　从12岁起，我就会去巴黎找哥哥。我哥每天早上送我去卢浮宫博物馆，让我在那里待上一整天。我背包里有哥哥准备好的三明治，还有可以用来买明信片的几块零钱。每到下午5点，他就会来接我回家。虽然在卢浮宫的日子有时会很无聊，但也有非常好的回忆。我哥在巴黎发展得特别好，这对我来说有一种榜样的力量。但我们俩要走的其实并不是一条路，比如当我说想去学艺术史的时候，他就很反对！

奥利维耶的高中生活也不好过，他的性取向被同学们无情地嘲笑，这成为了他至今难以愈合的伤痛。

奥利维耶　在高中里，作为一名同性恋，我成了同学们围攻的对象，被叫作娘娘腔已经算比较温和的了。我有三个好朋友也是同性恋，但他们后来都因为艾滋病去世了。虽然我们在学校里被取了各种外号，受尽侮辱，但我们很清楚我们就是同性恋。至今我都还恨着欺负我们的那些同学。也正因为如此，当时我心中只有一个想法，那就是赶快逃离这个地方。

和我采访过的大部分父母不同，塞亚尔夫妇对孩子们很宽容，虽然他们的孩子做出各种各样的傻事。他们家的孩子们可以自由地出去玩，各种禁忌话题都可以公开讨论。

奥利维耶　我妈一点儿都不担心我们，即便我们彻夜未归，她也能安然入睡。换作其他父母，可能整晚都合不上眼吧。虽然她很纵容我们，但也不是什么都不管，她会教我们各种知识，所以我们的学习也没有落下。但我认为比起我妈来，更多地是我爸把我们引上了正途。他浪漫且有才华，会一本正经地给我们讲笑话，既严肃又幽默，做什么都很靠谱，而且有种不紧不慢的优雅。他说人可以没有钱，但是必须学会做人，是他的言传身教让我们变成了更好的人。

我的高中生活要比奥利维耶的乏味得多，放学后的晚上是不可能出去玩的，抽烟也是被明令禁止的。那时正准备出柜的我正好赶上了青春期，两者相撞，催化出一段可怕的日子。

妈妈 我的天啊，你的青春期真是太可怕了，你变成了一个非常专横的人。你想做什么事就非做不可。你经常撂话说："我觉得我没做什么坏事，我要走了。"你那时把我和你爸搞得焦头烂额。后来我们只好去学校搞搞清楚你究竟在干什么，我们认识了你的好朋友劳拉、艾米莉、嘉艾拉、安娜和玛丽，我们必须知道你平常都跟什么人在一起玩。

"古怪"的艾洛蒂·华耶必须和她喜欢的初中老师们说再见了。进入高中后，她找到了新朋友。艾洛蒂发现，新朋友们都很有意思，家里也很有钱。比如艾斯特，她邀请艾洛蒂跟随她们一家去马拉喀什度假，在这次旅行中，艾洛蒂人生第一次坐了飞机。还有阿尔蒂尔，他爸爸是建筑师，妈妈是艺术家。艾洛蒂说："有一次我去他家参加聚会，看到他们一家三口居然在家里玩杂耍和演戏，还有其他各种各样的节目，我当时就对自己说：'我喜欢这样的家。'"

艾洛蒂把更多的时间和精力放到了新朋友身上，成绩随之有点下滑，但还好仍然保持在中上游。她说："我这是在践行我家的家训：成功是学会和人打交道，而不是只会学习。所以我把学习的时间更多地花在了交朋友上。"

埃尔维一心想让女儿艾洛蒂选择理科，这都是学他那位做心理医生的姐姐，她的两个孩子爱德华和卢克莱斯也都报了理科。艾洛蒂感叹道："我爸妈一生都在跟我姑妈比，把我跟我的两个表哥比。我姑妈是心理医生，生活当然比我们家高了一个层次。我爸妈从小就对我说：‘你在学习上必须超过你两个表哥。’我告诉我爸我想学文科，他反问我：‘文科毕业后能找什么工作？’我爸的两个姐姐和一个哥哥都是读书的料子，学历都比我爸高，事实上，我爸就是想让我走他们的路。”最终，艾洛蒂妥协了，她在高二选择了商科。

艾洛蒂的妈妈薇薇安娜在她上高三那年离世了。

艾洛蒂　在她的葬礼上，教堂里来了起码600多个人。葬礼结束后大家久久没有离去。我妈有很多朋友，整日为朋友的事奔忙。我对自己说：“大家都喜欢她呢，她可是她朋友圈里的中心人物啊。”我想她这一生都在寻找朋友的认可，虽然她没钱也没学历。但是她有朋友，而且还是那么多的朋友！她整日忙碌，把家里打理得井井有条，我有需要的时候她都会出现，我有困难的时候她都会帮我。在她的葬礼上我才真正意识到她已经走了，我对自己说：“好吧，妈妈离开我了，接下来我必须好好准备高中毕业会考。”那一刻，我真的特别懊悔没如她所愿，像我的表哥爱德华那样选择理科。

巴德家的孩子们都得遵守爸妈定下的规矩：父母只提供基本的衣食住行，其余费用请自理。像名牌服装、电话费和出去玩的钱这些都得自己去挣。和他的三个姐妹、三个兄弟一样，优素福从十几岁开始就去巴黎郊区的阿让特伊镇的集市上打工了。他说："没办法啊，如果我们赖床不起，我爸妈会过来把我们弄起来。"抱怨一下也是不行的，他的爸爸拉桑可不吃这一套，他会骂道："让你们做什么苦差了吗？有啥可抱怨的！"优素福至今还记得每个冬天的周日他都要去集市上干活，只有一件破旧的阿迪达斯外套御寒。为了省钱，他连坐地铁都要逃票。优素福说："我没恨过我爸妈，只是有时候会嫉妒我的朋友。"在他17岁那年的一个早上，优素福决定今后要好好学习。

伊茹　我儿子曾经对我说："为了以后夏天有空调，冬天有暖气，我要好好学习。"［笑］

优素福的姐姐蕾吉亚向我分享了她父母的谆谆教导："我妈总是对我们说人有两种活法，一种是现在吃苦，一种是以后吃苦。"因为要打工，所以巴德家的孩子们长大后都不回摩洛哥过暑假了。伊茹为优素福在一家商场里找到了一份清洁工的活儿。她得意地对我说："就是我帮他找到了工作！"如今，优素福才发现老妈的良苦用心，他哀叹道："但是那时她太狠了，每天早上6点就放《卡萨布兰卡》叫我起床。"

抱怨一下功课也是万万不可的。蕾吉雅对我说："我曾对我妈说：'那个谁，他家里人答应通过高中会考后给他买辆车。'我妈回我道：'是吗？那你要不好好想想如果不及格的话我会给你什么好果子吃？’”回忆起这段对话时，来自老妈的压迫感始终笼罩着她。为防止孩子们在学习上撒谎，伊茹还想出了让他们相互检查家校本的奇招。

上高中后，优素福的成绩有所波动。他说：“我的高中生活简直比国庆节的烟花秀还要精彩。那时我很讨厌一个老师。而作为一个种族主义者，他也看不惯我。虽然我俩不吵架也不打架，但我总是要跟他回上几句嘴，逗得全班哈哈大笑。虽然我在班上长了脸，但我被踢出了班级委员会。我姐在班级委员会期末开会时冲了进去，把我受到的不公大事宣传了一番，把校长教训了一顿。”优素福说还好他爸妈不知道这件事，不然他们闹得肯定比他姐姐更起劲。

高三时，为了实现进入高等商业学校的愿望，优素福开始加倍地疯狂学习。他说：“那时我梦想着大学毕业后能挣钱，能挣很多的钱。只是我高一落下的功课太多，想要考入高等商业学校实在吃力。有人对我说：‘没人会录取一个小丑！’”最后只有巴黎十三大在维达勒兹镇（塞纳–圣但尼省）校区的大学科技学院法律系录取了他。

伊茹　这都是我狠抓他们学习的成果。我掌握了孩子们学校的放学时间，放学时我会查岗，如果被我抓到他们逃学的话，我可轻饶不了他们。我才不管孩子们怎么想，我只希望他们好好学习，不要误入歧途，不要打架斗殴，长大后有份好工作。我还希

望他们的学历越高越好，我不期待什么职业能力证书和职业学习文凭[①]，我希望见到他们从小学一直读到初中、高中，通过中学毕业会考。我希望优素福长大了能成为教授或者医生，但是他说读博和学医都太烧钱了。

和优素福的情况一样，在高二进入文科班后，我在学校里开始变得不听话起来。我不停地与我的好朋友安娜嬉笑打闹，经常被老师轰出教室。但是我比较机灵，我从来不跟老师较劲儿，所以不同于优素福，老师还是比较待见我的，对我没有什么根深蒂固的偏见。

爸爸 上高一时，你在学校都挺规矩的，也没什么臭毛病。但是进入高二后你就变成了个小话唠。对，老师在成绩单上也写过你的这个毛病，那份成绩单你还留着吗？

妈妈 是的，他的成绩单在这里，我找出来了。你看，英语课老师是这样写的：“整体表现非常好，但是不停地在说话！”语文课老师说：“整体表现不错，是个乐呵呵的学生，但是讲话太多，导致上课时分心。”好吧，虽然你不太安分，成绩也不是最好，但你挺会糊弄老师，看起来他们都挺喜欢你。如果你安静点儿的话，

① 职业能力证书（CAP）和职业学习文凭（BEP）属于法国中等职业教育阶段颁发的文凭，法国初中毕业生可在学徒中心半工半读，毕业考试合格后可以获得以上资格证书。——译注

你的成绩会更好。你看，几乎每张成绩单上都有类似的评语，有你在你们班的同学还能好好上课吗？

与我不同，吕斯·普劳特豪斯从小到大都是好学生，收获了老师们的无数好评。

希尔维　吕斯上高中后我和她爸爸就没本事辅导她了。但每次开家长会时，老师们都会表扬她，说她是个好学生，还很有礼貌。这让我很开心。[讲到这里，希尔维停下来大笑，笑得嘴角都咧到耳根子了。]

吕斯高二时选的是社会经济科，同时还选学了学校开设的第二外语课、数学课和戏剧课，所以每天忙得争分夺秒。她有时也会报名学校组织的活动，去阿维尼翁的剧场看演出。希尔维说："我跟着她去过一次，但后来就再也不去了。因为我觉得那些人演得，怎么说呢，有点儿傻，让人看不懂！我才不想浪费两个小时看我讨厌的东西呢！"

为了申请巴黎政治学院，在一位同学父母的推荐下，利用高三的课余时间，吕斯去了南锡的一所私立高中上了一段时间的辅导班。

吕斯　是她的爸妈改变了我。我跟他们家走得挺近的，他们会邀请我参加派对。见到我时，他们会问："你想来杯夏布利吗？"当时我还不会喝酒，要是现在问我的话，我一定会说："来一杯吧，我喜欢这酒！"［笑］她的妈妈是一家中小型建筑公司的二号人物，她爸爸也是当领导的。这对夫妻既有钱又有文化，深谙法国教育体系之道，早就为家里的孩子们规划好了读书的道路。他们家的晚宴上会出现各路人物，大家热络地讨论政治。然而，在我的父母的思维中，有钱人都是坏蛋。今天我还依然被他们这种逻辑影响。

希尔维 在我看来，吕斯的这个朋友其实是个自以为是的家伙。她喜欢去她家玩主要是因为她爸做的饭好吃吧。你知道的，这些有钱人总是到处跑，假期还要住度假别墅。但是我们是普通家庭，我们可买不起度假别墅。所以我们跟她家根本就不是一路人。我见过她爸妈，都是挺好的人。但是我觉得让吕斯不好受的原因是我们两家的差距。一天下午，吕斯回到家跟我说："妈妈，我想清楚了，比起他们来我更喜欢您。"我一点也不嫉妒吕斯跟他们家走得很近，因为我并不觉得别人有大别墅和有钱就一定会比我幸福。

吕斯告诉妈妈她打算离开南锡去巴黎求学。希尔维深受打击，也搞不懂女儿的想法，她回忆道："我哭着对女儿说：'我们这里也可以上大学呀，为什么你要去那么远的地方？'吕斯告诉我她想去巴黎，她说自己已经向巴黎政治学院提交了申请材料。我看过一篇关于这个学校的报道，报道上说这所学校不应该只招有钱人的孩子，还应该招些穷人的孩子。"

像吕斯一样，许多阶层跨越者是在接触到更高社会阶层的家庭，受其影响后才开始觉醒和奋发图强的。

安娜　在人生中，总会有这样一个人，在我们毫无察觉的情况下，影响我们的一生。我们小镇上有一位家里很有钱的药剂师阿姨，她很喜欢我这个充满活力的小女孩，所以我们成为了好朋友。她有一副好心肠，会雇附近的少年们到她家帮忙看孩子，给的工资也很丰厚。她对我妈说："你可以让你女儿来我家干活。"在我15岁那年，她告诉我妈："你得带你家的小姑娘去看看心理医生。"我妈听从了她的建议，真的带我去了。

后来安娜去了巴黎远郊伊夫林省普瓦西的柯布西耶高中上学，她在那儿遭受了巨大的挫折。她的姨妈克劳蒂娜给我讲述了安娜和她哥哥进入高中后的故事：

克劳蒂娜　他俩以前住在郊区，所以就近上了初中。初中时期他们俩的学习都很好！但是别高兴得太早，正因为不是什么好学校，所以他们才能做"鸡头"！他们去了好学校读高中后就尝到从云端跌落的滋味了。安娜在高中感到很吃力，往日的辉煌已经不在。我在年轻时也体验过这种落差，而且我母亲在我上高中时去世了，对我来说更是一种打击。我从初中里的佼佼者变成了高中里的普通学生，这种转变让我无法面对。

安娜 高三时，虽然我表现不是最突出的，但老师们还是强烈建议我去巴黎读精英学校预科班。然后我就去了。在预科班里，我感到了前所未有的竞争压力。班里那些父母是教师的同学们早已对未来胸有成竹，而我就像初来乍到的新兵一样一无所知。

克劳蒂娜 是啊，预科班可把她给折磨坏了。

普通阶层出身的孩子头顶上的天花板很低。除了繁重的学习，还要不断适应新的环境，许多人承受不了，得了抑郁症。父母们也没法理解我们的痛苦，因为我们的痛苦都是悄然发生的。某些人，比如托尼·布兰多早在高一时就经历了这种社会性撕裂。

托尼15岁时就考入了那所位于巴黎先贤祠附近，声名远扬的亨利四世高中。在那里，他将面对一个从未接触过的新世界，以及这个世界里各种各样的行事做派。他想选修中文，可他妈妈米希亚姆却给他一顿痛骂："学中文得费你多少脑细胞？！"

托尼 在文化知识储备上，我觉得自己并不比同学们差，因为我读的书也不算少。但是他们不仅读过万卷书，还行过万里路，去过无数国家旅行，英语说得也很溜。我在这些方面比他们差远了。平日里聊天时，他们也看出来我没出过国。除此之外，他们的一些行为我也是第一次见，让我胆战心惊。比如我看见有学生在吸可卡因，这简直是超出了我的认知。惊慌中我拨通了妈妈的电话，对她嚷道:“他们都是些什么人啊?”我还告诉妈妈我们班上有好几个名人的孩子，比如一个男孩的妈妈是电视新闻主播，一个女孩的爸爸是法国前总理。

米希亚姆　他说自己的穿着打扮与同学们格格不入。我告诉他，特意模仿别人的打扮叫东施效颦，和别人穿得不同才有趣。好吧，我承认我就是一个不爱打扮的人。我从不在时尚和服装上投入太多心思，只要穿得干净整洁就行了。

托尼也有他的小个性，被同学们的家世吓倒是不可能的，他决不能在他们面前认屄。此外，他还会故意让那些属于资产阶级的同学们对他这个穷孩子感到内疚。

托尼　在经济学课上，有个同学大言不惭地说应该降低法国最低工资标准，可这小子的家人给他在巴黎4区的高档酒店包了一间房当宿舍……我想，没有人能在15岁时就能讲出这种话，他肯定是在与父母的聊天中耳濡目染学会的。所以，在与同学的交往中，我故意说出自己的家庭出身，这就是我在人群中唯一的特殊之处，是我的武器。逐渐地，大家都开始邀请我这个平民参加派对，我成了派对上供人参观的小丑和异类，是所谓“社会多样性”的最佳体现。但在某种程度上，我只能通过这种方式融入环境。

从15岁开始，托尼就离家到巴黎求学了。那时他爸妈刚刚离婚，妹妹身患恶疾，思乡之情驱使他几乎每个周五和周日的晚上都拼车往返于巴黎和远在伊泽尔省的老家圣·诺曼。回家后除了和家人在一起，他还得帮忙照看家里的杂货铺。米希亚姆感动地回忆道："我感觉这孩子一下子就长大了。"

高二时，托尼决定从亨利四世高中退学。首先是离家太远，他说："我那时觉得在家人的日子不太好过时跑去巴黎上学是一种逃避责任的表现。"其次是经济原因。然而，最终让他下定决心离开的原因是他发现在巴黎已经找不到自己了。

托尼 在巴黎那年我疯狂地学习，还好成绩不错。但是每场考试前我还是很紧张，几乎都要挑灯夜战地复习，因为在那个环境里，只有高分才能被认可。远离家人是一方面，更可怕的是我发现自己已经不是一个正常的年轻人了。我没有朋友，没法跟同学交流，我们没有共同语言，这一点是最折磨我的事情。

从巴黎回到老家后，托尼就近上了个普通高中。他像变了个人似的，虽然在学习上开始放飞自我，不再努力了，成绩在班上还是名列前茅。米希亚姆说："他这样让我很焦虑，因为他是我们家的老大，他得给弟弟妹妹们做个好榜样。但是他这样做会让孩子们以为不努力也可以获得好成绩。"就这样，托尼和妈妈之间的矛盾越来越深。为了攒钱学车，托尼从1月份开始就在附近小镇上的一家连锁餐厅打工，但6月份时，他还是以不低的分数通过了高中毕业会考。他对妈妈叫嚷道:“我没有必要继续上大学了，我要写书，我要当作家!”

米希亚姆　在我看来，如果他在家什么也不干，光写书，那就等于变成一个游手好闲的人了。如果他喜欢写书，那也可以边上大学边写，或者边工作边写啊！但是他执拗极了，说他脑袋里有很多书要写出来，不能同时干别的事。我们的关系变得很僵，几乎要打起来了。他已经是个壮小伙了，而我是那么瘦小。我只能闭嘴，真的没法管他了。

托尼说他在心性不定的年纪早早放弃了巴黎和亨利四世高中的光环。和他不同，大部分年轻人想的是出名要趁早。阿里·赫贝里就是这样的孩子，他年幼时就早已在同龄人中出类拔萃。他妈妈有个做清洁工的朋友，阿里每天要读的报纸就是这位朋友每天从警察局的垃圾桶里拯救回来的。阿里也爱听广播，他们家的收音机整天嗡嗡作响，播放着妈妈爱听的南方电台和蒙特卡洛电台，爷爷总是捧着自己的晶体管收音机，听他喜欢的马格里布电台、西班牙电台和中东电台。阿里对我说:“我比较喜欢听的节目是卡洛尔·夏布里埃主持的《学途风波》。”这节目让两班初一的学生对主持人提出的文化知识题进行抢答。“我还喜欢听法国文化电台，虽然很多东西我听不太懂，但是我觉得这个节目棒极了。一个周日的晚上，我打开了法国广播电台，听到了他们的文学脱口秀节目《面具与羽毛》，我对这档既严谨又高雅的节目一见倾心。我给节目组写了很多封信。一天，我惊喜地听到我的名字从主持人热罗姆·加辛的口中说出。他在广播里说：'这是一封来自阿里·赫贝蒂（主持人把我的姓念错了）的信，他今年18岁，来自图卢兹，他给我们寄来了这封航空邮件。他写道："在这软弱和令人沮丧的时代，希望我最爱的《面具与羽毛》节目能在新的一年里继续特立独行地播下去。"'"

阿里　平日里，我的法语老师总是夸我写的文章"很有范儿"，所以我才鼓起勇气给节目组写了这封信。现在回头看，这封信写得还挺自以为是的。但是主持人居然念了，真是难以置信！

我　那你跟谁分享了这激动人心的消息？

阿里　跟我的高中同学呀。平常聊天时我也听他们说自己的父母会听这个节目。知道我的信被念了，同学们也对我青睐有加。

贝尔维尤中学是一所知名高中，风景如画，校园里还有公园和城堡。学校里出生于移民家庭的孩子并不多，阿里就是其中之一。他说："我同学的父母几乎都是科学家和工程师，他们的生活和我的是如此不同，就像两个不同的星球。"

赫迪嘉说她确定自己的儿子阿里从未改变（她特别强调了"从未"这个词）。"我认为接触一下上层社会的人也没什么不好。起码能对阿里起到一种激励作用，在他心底埋下上进的种子。"她说："我的孩子们都交了几个上层社会的朋友。但是我从不给他们买名牌衣服，我想他们会很沮丧，但是阿里从未抱怨过。"

阿里不想总在一个地方待着，他想周游世界。为了让阿里参加学校"边看边学"社团组织的游学活动，赫迪嘉在空客集团给阿里找了一份清洁工的工作。阿里说："这是我妈的一个朋友给我走的后门。虽然那时我才16岁，但我必须谎称已经17岁了。"赫迪嘉说："他17岁时，我让他报名参加了社会教育资格证书考试，有了这个资格证书，他就能在儿童游乐场工作了，赚的钱也够他在学校花了。"

2008年，在女儿进入地区高中就读后，安吉丽塔·托马桑决定暂时停止她在公益组织"国际第四世界"的活动，把时间用在攻读业士文凭[①]上。

安吉丽塔　我在休产假时就一直在考虑这件事。我对自己说："我得利用休产假这段时间读个文凭！"我已经打听好了怎么读这个文凭，但无奈家里有三个孩子要管，实在是忙不过来，所以就没读成。2008年，孩子们都长大了，我对自己说是时候了，那就开始吧！我申请了个人培训假期，终于利用假期把业士文凭拿下来了。原本需要读三年的文凭我九个月就读完了！当我在数学或

① 业士文凭（baccalauréat，又称bac）是法国高中毕业生通过毕业会考后被授予的文凭，想要接受高等教育的法国人必须持有此文凭。——译注

者其他科目上遇到困难时，我就求助于孩子们。

劳拉对她的高中并不满意（她说：“我们得选一门选修课，但我对学校里的选修课都不感兴趣，我真的太难了。话说我那时确实有点狂妄自大。”）。她在沉闷无聊的选修课列表里发现了一门戏剧课，是一家剧团为学校开设的。她告诉我：“作为一个外向的小孩，我决定去这家剧团试演。”但事实证明，这次试演并不是什么美好的回忆。面对评委的提问，在文艺方面知之甚少的劳拉只能东拉西扯，答得磕磕巴巴。评委问她最近看了什么电影，她说看了导演艾里克·拉缇戈今年上映的爱情喜剧片《借你的手儿牵》。评委问她最近读过什么书，她说读了在姐姐房间里发现的一本青少年小说《桃之肤》。当被问到喜欢哪一出话剧时，她只能老实地告诉评委她妈妈以前帮别人照看过小孩，其中一个男孩现在在巴黎市郊埃尔蒙镇读高中，不久前他在学校演了话剧《扎齐坐地铁》，她刚好去看了。

劳拉 面试我的男孩看了看桌上的评分表和简历，似乎有点恍惚，好像没听懂我的回答似的。他对我说：“我会给你打电话的。”在我妈那辆粉色的雷诺车上，我哭了半个多小时。说实话，那天是我人生中第一次感受到文化暴力的可怕。

安吉丽塔 是的，我看见她一脸沮丧地走出来。她对我说完蛋了，自己对戏剧一窍不通，所以这些人是不会选她的。但最后她居然入选了。

饶幸入选的快乐没持续多久就消散了，劳拉发现这门选修课并不如她想象得好玩。

劳拉　我一开始就被吓到了，他们居然带我们去法国喜剧院看《费加罗的婚礼》。我小声嘟囔道："为什么我们要坐在这么高的地方？什么都听不到！"每个月我们都要去巴黎看一次话剧，每次得花上10欧，还好爸妈每次都给我20欧。但羊毛出在羊身上，他们把这笔钱算到了我每月应得的零花钱头上。我爸对我说："如果你不喜欢就别去了。"你知道吗？我一对我爸说高中毕业会考时想侧重戏剧方向，他就吓得对我说："万万不可！"但没有一家的父母会对孩子说："你不喜欢数学吗？那你别学了。"

劳拉模仿了她和爸爸之间的对话，把我们逗得捧腹大笑。但是安吉丽塔从她的角度对我说："我想她爸爸是担心她以后吃苦，这是爸爸对女儿的一种保护。"

不久后，总统尼古拉斯·萨科齐宣布法国将进行退休改革。新闻一出，引发全国抗议，这一事件恰好无意间改变了劳拉的命运。为了反对萨科齐的改革，作为太阳剧团（位于巴黎文森森林）的团长，导演阿丽亚娜·努奇金正想找几位高中生来参演一场应景的戏剧。劳拉说："我是从学校一位不怎么喜欢我的老师口中知道这个消息的。”一个周日的早晨，劳拉敲开了导演努奇金家的大门。在导演家里，劳拉被打扮成正义女神的样子，义正言辞地批判萨科齐的退休改革政策。之后，劳拉每周都会去剧团排练。她说：“我周六早上六点半就得起床，要忙到周末晚上才能回家。我认识了很多剧团里的演员，虽然我是剧团里年纪最小的人，但我也做了很多事情，比如给大家做饭，当然也包括参加排练。”她在剧团结交了一个和她年龄相仿的巴黎女孩儿，女孩对法国戏剧界很了解——她的父母经常到欧里亚克的戏剧节演出。女孩告诉劳拉各种戏剧学院的情况。但是劳拉的父母只想让她读个两年制大学技术文凭。[1]

安吉丽塔　当劳拉说她想读戏剧时，我们都吓了一大跳，因为我们对戏剧一无所知！幸好塞西莉娅（劳拉的大姐）男朋友的爸爸是法国喜剧院的签约演员。他是个不错的人，我们两家已经以亲家的身份相处很久了。听了劳拉的想法，他对我们说：“让她读吧！”他说劳拉的选择没有错。我们只能相信他，因为除了他我们也找不到其他可以商量的人了。劳拉的爸爸在餐饮界倒是认识

① 法国大学技术文凭（Diplôme Universitaire de Technologie，即DUT）是一种法国高等教育国家文凭。学生在大学技术学院就读两年后可获得该文凭。持有该文凭的学生可选择就业或继续攻读职业学士（Licence Pro）或根据不同专业和自身条件来申请商学院、工程师学院继续深造。2021年，法国进行了高等教育文凭改革，大学科技学士文凭（Bachelor Universitaire de Technologie，即BUT）替代了大学技术文凭，学制为三年。——译注

很多人，关于文秘行业我也挺了解的，但是戏剧这个东西我们家的人都不懂。我感觉戏剧这行就跟街头卖艺差不多，不知道他们的收入有多少，稳不稳定。反正不像打开门就能做生意的餐馆那样让人心里有底。

奥蕾莉·瓦洛涅抱着忐忑的心情在高二分科时选择了“臭名远扬”的文科。奥蕾莉的亲朋好友对她的选择感到不解：“你想毕业即失业吗？你对得起你爸妈吗？他们将你生得这样聪明，你这样做是浪费智商！”迫于压力，她只能违心地选择了社会经济学专业，但她的父母从未干涉过她的决定。

科琳娜　这是女儿自己决定的，我从来没逼过她……她确实说过：“我想当作家。”我回答她：“作家可不是一种职业。”

奥蕾莉·瓦洛涅　虽然在我读初二时，我妈爸的水平还足够辅导我的学习，但是他们不但没有死盯着我，还说：“你可以干你喜欢的事情。”他们一直希望我能顺利通过高中毕业会考，但是作为一名立志要超越父母的女孩，我早已定下了更高远的目标。

进入地区高中上学后，奥蕾莉·瓦洛涅不再是班上学习最好的人了。她对我解释道：“我们班的同学几乎都是城里人，差不多每家都有大别墅。他们的爸爸都挺有本事的，有医生、企业家，还有同学的爸爸是市长，所以他们成绩好也就不足为奇了。”奥蕾莉·瓦洛涅从小练过几年韵律体操，平常会去给别人上上课，赚点零花钱。放暑假时，她会去一家诊所打零工，帮忙处理病人的病历资料。

奥蕾莉·瓦洛涅最好的朋友决定在高中毕业后读两年的预科班，为申请大学校做准备。看到好朋友的选择后，奥蕾莉·瓦洛涅更加迷茫了，她决定去找升学顾问谈谈。升学顾问对她说："你可以去读卡尚高等师范学校的预科班，英语成绩达到B2以上就很好申请了。"奥蕾莉·瓦洛涅说："我就傻傻地按照升学顾问的话去做了，就像我最好的朋友一样，去申请了预科班。但是现在回头看看，这条路根本不适合我。"奥蕾莉·瓦洛涅非常讨厌她的高中经济学课老师，因为他对社会再生产理论的解读让她无法忍受。尽管如此，她还是成功地通过了高中毕业会考。

奥蕾莉·瓦洛涅 我们的经济学老师是一个彻头彻尾的笨蛋。我也不喜欢皮埃尔·布尔迪厄的社会再生产理论。在课堂上，经济学老师非常得意地给我们展示了他做的图表。他一边展示一边说："看，这列代表工人阶层。"我对自己说："啊！我爸爸属于这一列。"老师又说："你们看，这列是普通工薪阶层。"我心想："妈妈应该属于这一列。"他总结道："如果你们的父母属于这两列的其中一列，那你们就别白日做梦了，你们将来也只能做这两种职业，这可是有数据支持的。"我心想："图表上居然有一列是管理人员，都什么年代了，他是怎么想的？他怎么知道我以后不会出现在这里面呢？”他又向我们补充：“你们可不要相信电影里的童话故事，王子是不可能娶一个牧羊女为妻的。”我想，以我的个性，如果我想嫁给一个王子的话，我会不顾一切实现这个愿望的。

跟奥蕾莉一样，我在高中时也不太理解皮埃尔·布尔迪厄的社会再生产理论。从高中毕业后，我的学业之路仅有一个选择，那就是去司汤达-格勒诺布尔第三大学的文学系上学。回头想想，是因为当年只有这条路可以走，我才想竭力证明自己，向所有人证明，上了普通公立大学的人也可以“成功”。然而那时我心里也没底，除了做老师，我当时实在想不出毕业后我还能找到什么工作。

高中毕业后，我的朋友劳拉要去巴黎上一所艺术类大学校的预科班了。为了给她送别，我们的那个小团体又开始躁动了起来。为了纪念我们之间的友谊，艾米莉、嘉艾勒、让·巴普蒂斯特、罗莎莉亚和我一起拍了一个20分钟的小短片。短片里，我们衣着华丽，在小提琴的伴奏下，气球从我们的手中飞向天空中，直到消失不见。劳拉的离开让我们知道，人生中还可以有离开格勒诺布尔去首都巴黎生活的选项。在她之前，我的家人朋友们都没有这样做过。这让我的心里五味杂陈，不知道该作何反应。

第四章

上层社会

高中毕业并不代表人生走上了阳光大道，这些好学生们立刻触碰到了原生家庭的天花板。他们自己意识到了吗？他们的父母呢？我也不太清楚。即便如今法国已经有90%的高中生通过了高中毕业会考，但是天花板确实存在，而且它的高低在很大程度上是由各个家庭所属社会阶层之间的差距造成的。在选择高中毕业会考类型时，大部分学生就已经根据自己家庭的社会阶层自动分流了。普通类、技术类和职业类这三种高中毕业会考的类型俨然已经成了悬在考生们头上的，让人一目了然的社会标签。

有些人如同鲤鱼跳龙门般猛地跃进了大学校。在那里，他们不得不争分夺秒地学习和理解上层社会的各种密码。另外一些人怀着忐忑的心情进入了公立大学或者大学科技学院，淹没在了周围成百上千的新生中。如同社会学家尼古拉斯·汝南（Nicolas Jounin）在《社会阶层旅行》（*Voyage de classe*）一书的标题一样，这些年轻人正穿梭在不同的社会阶层之间。可笑的是，当他们在新环境中还稀里糊涂时，身边的同学已经游刃有余，对学校了如指掌了。原因很简单，他们上的就是父母从前上过的学校。由于从小就听父母讲起母校的故事，所以他们进入校园就如同来到自家的后花园般轻松。可是对阶层跨越者们来说，这简直就是一次对新大陆的探险；而对他们的父母来说，听着孩子讲述自己的新生活诚然有趣，但他们也只能冷眼旁观，因为他们知道那是自己无法进入的另一个世界，唯一能做的就是在生活上竭尽所能地帮助孩子。他们关心的是孩子毕业后能不能找到工作，能不能赚到钱。底层社会的家庭不关心所谓的职业发展前景和职业是否光鲜亮丽，他们关心的是孩子的工作稳不稳定。比如一个做厨师的父亲就觉得在餐饮业工作挺好的。

进入大学的第一年，父母与子女其实都在进行一场渐行渐远的告别。无论在现实距离上还是精神上，分离是不可避免的。很多父母搞不懂为什么孩子们想要去其他城市求学和工作。他们惊诧地质问："为什么要走？我们这里什么都有呀！"对那些拥有丰厚社会资本和文化资本[①]的家庭来说，送孩子们去国外求学是一件何乐而不为的好事，因为他们知道这段经历对孩子的成长大有裨益，而学历较低的父母们却无法理解这一点。也许他们的

① 法国社会学家皮埃尔·布尔迪厄将资本分为三类：经济资本、社会资本和文化资本。经济资本是指任何带有金额的物质或非物质；社会资本来自人的社交网络；文化资本是有助于人们在社会中对自己进行正确定位的文化知识。——译注

周围也有小孩去过国外，比如邻居家那个刚从澳大利亚公路旅行悻悻而归的女儿，但是在他们认识的人里还没有一个人主动把孩子送出国。想要拥有这种“经历”（“经历”这个词在本书所采访的家庭中被明令禁止，而在资产阶级的家庭中却经常被使用）必将所费不赀，这就是父母们沉默不语的原因吧。火车票或者机票（在本书中，除了几个移民家庭，没有几个家庭坐过飞机）、住宿费、餐费，还有学费，所有这些费用加起来已是一笔巨款。国际化精英口中常说的“面向世界”不是所有人都能承担的。虽然在机缘巧合下，我曾去巴黎实习过一阵子，但去意大利或者英国留学一个学期是我万万不敢想的。我的家人们不知道这种经历的附加值——我故意使用“附加值”这个企业里常用的词。对于我和我的家人来说，巴黎就已经是遥远的异乡了。

在巴黎，罗西和拉扎尔什么都不是……罗西觉得，在社会阶层的金字塔上，他俩就像两粒渺小的尘埃。布里夫和爸妈没教过他们什么东西，也没留给他们什么。当生活的暴击悄然而至时，他们只能麻木地服从命运的安排。

以上段落出自作家玛丽·恩迪亚耶（Marie N’Diaye）的小说《罗西·卡尔布》（*Rosie Carpe*）。不知怎的，这段话时刻萦绕在我的脑海中，驱使我在日记中写下了这样一段话：我真的受不了罗西那种粗暴对待父母的方式，让我感觉自己父母也被粗暴对待了一样。我不知道为何会有这种感受。和罗西一样，我赤手空拳地来到巴黎，谨慎小心，从不敢越矩，我这是把自己当成她了吗？无巧不成书，我和罗西的姓在意大利语中同样都是鳕鱼的意思，恰好我们的命运也何其相似。读完后，我似乎与命运和解了：虽然我们的父母无法教给我们上层社会的语言和思维模式，就像小说主角罗西所经历的那样，但父母教给我们的那些人生道理、价值观和谨小慎微的做事方式是如此珍贵。对于我们这些在巴黎打拼，在社会金字塔上攀登的人来说，这些东西就是带我们走出迷茫的指南针。

对于玛尔蒂娜·贝利亚来说，最重要的是通过孩子来“扳回一局”。

玛尔蒂娜　一天，大卫对我说："你总是把你没完成的愿望强加在我们的身上。"我说，并没有学校来教我们怎么当好父母。如今我只能做我能力范围内的事。我现在的首要目标就是让我的孩子们都好好上学。

贝利亚夫妇不惜贷款，也要让孩子们上好学校。起初，玛尔蒂娜在一家为乡村家庭提供护理服务的公司上班，她的工资那时候不算太高。1995年，当大卫考上了南锡的预科班时，玛尔蒂娜也成功通过了护理师助理考试，顺利进入了一家精神病院工作。

此后，贝利亚夫妇的收入明显改善了很多。

大卫在南锡上预科班的高中是一座久负盛名的学校。学校坐落在南锡市中心，一进门就能看到一座被许多柱廊围绕着的花园。入校后没多久，大卫就陷入了深深的焦虑。比如在英语课上，老师问有没有人曾经去过英国或者美国。33只手默默地举了起来，唯一没有举手的只有两个人，大卫是其中一个。在回忆这段往事时，大卫对我说："我们两个正好都是工人的儿子，妙哉！"在随后的英语口语考试中，总分有20分，大卫只得了5分（在预科班里，大家把这种可怕的口头考试称为"Khôlle"）。他把这可怜的成绩归结于自己没有任何去英语国家旅行的经历，所以给老师留下了糟糕的印象。他在采访时怒吼道："这完全就是社会原因！"在这段故事里，大卫因为自己没有出过国而怒气冲冲。然而，玛尔蒂娜却因为大卫即将要出国而感到极度不安。

玛尔蒂娜　预科班的第一年，大卫对我说："妈妈，我要去德国参加15天的实习。""德国？"我问道。他说："对，对。""但是你怎么去？"做妈妈的就是那么实际［笑］。"你要在哪里睡觉？你吃什么？谁帮你洗衣服？而且你一句德语都不会讲，你就这样走了吗？"我不安地自言自语："如果大卫丢了，我去哪里找他？我可是一句德语都不会讲呀。"第二年，他又对我说："妈妈，我要去英国实习。"［玛尔蒂娜边说边用拳头敲着小餐馆的桌子。］同事们都嘲笑我，因为我问他们："你们知道去英国要穿过大海吗？大卫要是掉到海里我怎么把他救回来呀？”［玛尔蒂娜放声大笑］但是大卫还是去了，还是离开了。他离开后，电影《惊险重重》（*Panique à bord*）里的可怕画面不断地在我的脑海里闪现。

大卫被自己的糟糕成绩刺激到了，他决定放手一搏，在排名上超过所有同学。他对我说："在我成绩很糟的那段时期，无论是真实存在的还是我臆想出来的，我确实感受到了一种来自同学的蔑视。"他不惜以牺牲健康为代价，拼了命地埋头苦读了两年。终于，功夫不负有心人，他的成绩从全班倒数第二名上升到了正数第六名。那时，学习是首要大事，绝对不能被爱情打扰，连荷尔蒙的躁动也得熄灭在萌芽之中。虽然19岁的大卫已经开始对男性表现出好感，但他那时从来没有和别人发生过关系。他说："我鄙视我的欲望，作为一个禁欲的苦行僧，我唯一的念想就是好好完成我的数学作业。我早已学会透过社会的棱镜来审视自己，我已变了一个不容小觑的竞争对手。"

大卫的目标是碾压那些有钱的同学，进入最好的商学院，获得无数工作机会和令人难以置信的高薪。为了参加各所高等商学院的入学考试，大卫花掉了1万多法郎。他在爸爸工地上挣到的所有工钱都搭了进去，但钱还是不够，所以他不得不放弃一些商学院的入学考试。大卫原本想去法国最好的三所商学院之一——埃塞克商学院（ESSEC）。但遗憾的是，他没被录取。但最后他还是被位于里尔的北方高等商学院（EDHEC）录取了，这所学校在商学院圈内也享有盛名。

玛尔蒂娜　读商学院花的钱可不少，除了学费还有别的很多费用，所以大卫不得不申请了学生贷款。我们家也勒紧了裤腰带过日子，三个月才去超市采购一次。我们只买生活必需品，比如卫生纸和盒装意大利面什么的；还得给他买往返里尔的火车票。大卫和他爸爸的关系并不好，因为他爸爸觉得学习不仅不能赚钱，还得花钱。他经常问大卫："你什么时候能工作？你什么时候能赚钱？"他不理解既然读书只花钱又不赚钱，为什么大卫还要继续读大学。大卫回到家后整天就知道抱着书看，父子之间几乎没什么交流，我们之间的联系似乎断了。我对他说："你别自以为是了，你能去商学院读书还得感谢我和你爸。"他有时还会说出些可怕的话，比如他说："有些人只能干倒垃圾的活，因为他们没接受过高等教育……"

玛尔蒂娜骤然提高了声调，笑容从她的脸上消失了，她似乎想通过我的采访对大卫表达她的不满。

玛尔蒂娜　喔喔喔！让我们停下来好好捋一捋！你知道吗？我们家门口的垃圾桶每天都需要道路清洁工来清空！车子坏了也需要修车工来修！我们不应该看不起别人，在这一点上我无法妥协。我希望我的孩子们学会尊重别人，即便是社会最底层的人，比如坐在马路边向你伸出手要钱的人！大卫说出这些话让我很生气，因为这违背了我千辛万苦供他上学的初衷，我不希望他看不起别人，包括他自己身边的人。

大卫 那时候我很讨厌我爸妈，我会为一点小事就指责他们。还记得有一次我和我妈在我的房间里吵了起来，我对她吼道："事实上，无论是现在还是将来，我和你们都不是生活在同一个世界的人！"

大卫不只怨恨他的父母，还讨厌他的大学同学们，讨厌和他们一起参加周末的班级聚会。一次聚会得交800法郎，对于他来说，这是笔不菲的费用。但他的同学说："800法郎在我们眼里不算什么大钱！就像买一根法棍一样轻松。"

大卫 喝得烂醉、吐得一塌糊涂、和女生们乱搞，这就是精英们周末聚会的内容。上北方高等商学院的学生基本上都是出生在巴黎西边的人，他们没被巴黎高等商学院（法国最好的商学院）录取才退而求其次来这里上学。他们像权贵一样，过着声色犬马的糜烂生活，这让我产生了一种厌恶和鄙视之感。他们的行为就是一种反面教材，我可不想自己变成那样。当所有人都在说上课就是狗屎，我们要去开派对时，我只想考好期末考，顺利毕业。

面对儿子的怒火，玛尔蒂娜从未被打败。

玛尔蒂娜 2001年，大卫得到了去巴黎的安达信会计师事务所（当时全球咨询界的领头羊）实习的机会。他出入的地方都装饰着大理石和水晶灯，衣香鬓影，香槟在侧。他真的和我们不是同一个世界的人了。还记得有一次他因为一件衬衫跟他爸爸吵翻了，他对我们叫嚷道："花500法郎买一件衬衫很正常好吧，便宜没好货！"［说到这里，玛尔蒂娜沉默了，脸上却是愤怒的样子。］我对他说："你知道吗？500法郎已经足够我把超市的购物车填满，给家里买上一周的生活必需品了。"大卫和我们之间的连接完全断开了，从他嘴里冒出的词儿像加密电报一样，让我们听得云里雾里。我还好一点儿，他的爸爸就完全不懂了。我对他说："你要学会适应别人，而不是让别人来适应你。再这样下去的话，没人想要搭理你了。"我的话他似乎听进去了。不久以后，他好像真的想通了，因为他对我说："我想我应该脚踏实地一些。"我和他爸非常高兴，他终于开窍了。从平淡如水的日子到声色犬马的生活，人肯定会心性大变，所以大卫那段时间才会飘飘然迷失了自我。他从小生长的环境和他实习的环境确实完全不同，所以我能理解他的心情。我安慰自己道："我们不是这样把他养大的……"在快要承受不住的时候，我感到了一丝恐惧，我心想："再这样下去我们家就要完蛋了。"如果他愿意，他完全可以断绝和家庭的所有联系，然后跟我们无情无义地告别："我要去富人的世界了！"但是他没有这样做，他回归了现实。人不能没有根，或许在那个富人的世界，他曾不止一次地被迫回答这样的问题："等等，你来自哪里？"

大一以后，我和父母之间一直存在着严重的价值观分歧：钱该怎么花？钱该花在哪儿？而分歧的源头在于我的第一个同性恋朋友让·巴普蒂斯特。当然，我们现在不再是好友了，但是从我在格勒诺布尔上高一开始，我们俩就经常在一起玩。他的父母收入很高，跟他像朋友一般相处，所以他们也非常接纳儿子的好朋友。让经常拿一个彩色的手提包出入校园，我记不太清楚包上的图案是蓝色还是绿色的小汽车，但这给我留下了很深的印象。我只记得在大家都背着Eastpack书包的校园里，他的书包是我们从未听说过的英国品牌：Paul Smith。而且他不只拥有这个品牌的日常系列，连旅行箱他都有。虽然我很讨厌包上的汽车图案，但始终对他的包念念不忘。渐渐地，Paul Smith这个牌子成了我的执念。

我计划在19岁生日时用230欧元买一个他的同款包，我爸妈觉得我疯了，他们说我这样冒犯了我的长辈。在他们的概念里，买一个包绝不可能花那么多钱。青春期叛逆开始发挥作用：我把暑假在吉尔伯特·约瑟夫图书馆挣来的全部工资都花在了买包上。整整三个星期，我爸妈对我都没什么好脸色。

妈妈　是啊，你的行为让我们太生气了。我一直是这样，认为某种东西超过了正常的价格就很荒唐。你太奢侈了，就是想让别人觉得你很有钱！

我在法国文化电台认识的朋友帕斯卡利娜每个暑假都会到大

西洋海边的小餐馆打工。除此之外，每年从五月初到六月底，她都会去一家虾类制品加工厂上班。她就像一个勤劳的时钟，勤勤恳恳地转了五年。每年的九月到次年的四月，她都正常上学，在学校里学习电影，剩余的时间就跑出去打工。她幽默地对我说："四个月里我就可以减掉六公斤体重，这不是很好吗？我之所以选择在雷恩上学，就是因为这所学校每年都有完整的四个月假期，方便我出去打工。"

玛丽-克莱尔 我想帕斯卡利娜证明了她可以过好自己的人生。在雷恩上学的这段日子，她打了很多份工，比如在餐馆，也帮别人辅导作业。我觉得这很重要，因为除了学习好，她在生活上也得做到自力更生，万一毕业后找不到工作的话，也能养活自己。还记得她小时候，连到地里拔大葱都不愿意干，她已经改变了很多。人不能光顾着读书，总是要干活的。

帕斯卡利娜在学校里如饥似渴地学习电影知识，但她爸爸对这种纯理论并不感兴趣。她说："我爸只是单纯地喜欢看电影而已。"

帕斯卡利娜 我爸只喜欢看电影，而我是正儿八经地学电影。老师给我们看了戈达尔、维斯康蒂和卡尔维茨的电影。进入大学后，我才第一次看到卡尔维茨的电影，顿时让我觉得惊为天人。我特别想跟我爸爸讨论讨论，可他却对我说："不不不，这太复杂了，我得去睡觉了。”刚刚入学时，我对自己说：“我要学的可是我爸梦寐以求的东西啊！”我多么渴望学习啊！我渴望老师教我很多东西，因为我发现在电影学这个领域，自己其实就是白纸一张。入学后，我就听见一些同学批评老师讲的课有问题，但我觉得对一个在这个领域做了十多年研究的人指手画脚是特别不通情理的，况且这个人还在教我们。我们怎么能质疑电影的历史呢？我对老师所教的东西都深信不疑，我没有那么多牢骚，如果可以的话，我愿意用一生来学习。

22岁的帕斯卡利娜快研究生毕业了，找工作的压力让她倍感焦虑。正好她和好朋友克拉拉在这一年成为了导演塞琳娜·德雷昂（Céline Dréan）纪录片里的双主人翁。这部纪录片跟踪拍摄了她们俩在2011年至2012年间发生的故事，有笑也有泪，还有她们年轻的梦想。我看到帕斯卡利娜对着摄像机的镜头说出了她埋藏在心底的愿望：“我希望在一家知名的广播电台找到一份实习工作，无论是法国文化电台还是法国广播电台集团旗下的其他电台都可以。”[她局促地笑着]“这份实习最好能让我……能让我一直留在那里工作。”帕斯卡利娜注视着面前的电脑屏幕，面无表情地说。屏幕上正是她修改了第九遍的简历。时隔多年，她向我解释道：“我在硕士的最后一年患上了严重的焦虑症，因为我觉得我没法毕业了，而这可能将是我人生中的第一次失败。我在想，要是没法毕业的话，我是不是一辈子都要在餐馆打工了？”还好纪录片的结局颇让人欣慰：帕斯卡利娜被法国广播电台录用为实习生，在一档名为《争吵》的辩论节目里工作。在一家咖啡馆的露天座上，帕斯卡利娜对着克拉拉讲起了实习第一天在直播室里发生的趣事。

帕斯卡利娜　我吃到法国广播电台的食堂了！［她狠狠地亲了一下自己的手指。］

克拉拉　好吃吗？

帕斯卡利娜　重点不是好不好吃，而是一餐饭只要4欧元。光是前菜里的小萝卜就有十种样式！我放开了肚皮吃都没把所有菜尝个遍。

克拉拉　光是前菜就有十种萝卜呀！［开玩笑地说］

帕斯卡利娜　是的，据我估计，一道前菜至少得值50生丁。我一个人来到食堂，看着琳琅满目的菜品不禁感叹："感谢公司的福利！"这时，所有人都来到了食堂，他们纷纷对我打起了招呼："你好啊，帕斯卡利娜！"我也对他们说："你们好啊……［帕斯卡利娜用扭捏的声音模仿着当时的尴尬情景。］是的，我就是那个新来的实习生！"然后我就被一大堆人拉到一张桌子上吃饭了……实习的第一天实在太刺激了。

在片子的另一段镜头里，帕斯卡利娜对着摄像机讲道："虽然我得到了从天而降的实习机会，但是新的烦恼又接踵而至，因为法国广播电台要求我必须在三天内离开雷恩，抵达巴黎。"收到实习录取通知时，帕斯卡利娜正在虾类制品加工厂打工。克拉拉安慰她：“这不就是你梦寐以求的实习吗？我想说的是，当机会来临时，你应该……”帕斯卡利娜的目光在空气中游离，呆呆地说：“我不知道怎么做，我真的不知道！”

当你知道帕斯卡利娜一年中有三分之一的时间在打工，你就不会奇怪她为什么不去旅行，为什么没时间学其他的语言，为什么不参加任何社团，或为什么没时间听文化电台的节目。大多数人都不知道的是，人们在经济层面的差距会扩大他们在文化层面的差距。帕斯卡利娜只是一个在市场上贩卖劳动力，每月工资仅仅达到法国最低工资标准的学生，我们怎么能够要求她跟一个拿着父母的钱出国学习外语，有时间玩乐队，天天泡在博物馆里，或者有空整天阅读的学生相提并论呢？这两类人的文化知识怎么可能在一个层面呢？

我还认识另一个女孩，为了实现经济独立，她也像陀螺似的连轴转。

霍卡雅在很多地方打过工，比如医院、银行、巴黎迪士尼乐园和H&M连锁服装店。拿到法律本科文凭后，霍卡雅换了赛道，她进入了商学院学习市场营销，而她正好把在H&M服装店实习的这段经历写入了她的硕士论文里。霍卡雅不想多花钱去租房，所以读书期间一直和父母一起住在巴黎北部近郊的拉库尔讷沃。她的妈妈马拉梅对我说：“她是个坚强的女孩，每天早上起很早去上学，放学后还要到H&M打工。”

在本科学了三年的法律后，霍卡雅决定在硕士研究生阶段申请一所更加高端的学校——位于巴黎拉丁区的巴黎二大（先贤祠-阿萨斯大学），法国大部分的大学校就集中在这个片区。

霍卡雅　我很懂什么是“郊区的烙印”，很多人知道我来自拉库尔讷沃时都会大吃一惊。居然还有人对我说：“好奇怪呀，你怎么没有口音！？”那时我都震惊了。我才发现这些人对巴黎郊区的刻板印象已经离谱到什么地步，他们经常把一些八竿子打不着的东西跟我联系在一起。我经常感受到一些好奇的目光，这目光好像在说：“你怎么好像跟我们在电视新闻里看到的郊区恐怖分子不太一样啊？”

在二大上学时，一位同学告诉霍卡雅，为了方便上学，她的父母给她在大学附近买了套公寓。霍卡雅被这句云淡风轻的话震惊得说不出话来。她对我说：“太吓人了，我当时只能对这个女同学说：‘好吧，很好，OK。’”霍卡雅面无表情地模仿着她当时的反应。在20岁这个年纪，就算是逃几次学出来好好地感受一下巴黎风景也无可厚非。霍卡雅给自己买了张无限次观影的会员卡，经常独自去看电影，享受属于自己的美好时光。我问了她一个问题：“你有没有觉得自己与原生家庭之间的文化代沟越来越深？”

霍卡雅　你知道吗？作为移民的后代，我们与父母之间一直存在着文化的代沟，所以我不知道该把这个现象归结于社会原因还是文化原因。[思索着]比如，在我们兄妹之间存在着某种默契，但与父母之间就没有这种东西。小时候，我们听得懂爸爸妈妈说的方言，但是我们不愿意讲。长大后，这种隔阂更严重了，我们变成了两个不同世界的人。我们之间的兴趣不同，品位不同，笑点也不同。那些让我哈哈大笑的事情在我妈妈看来并没有什么好笑的，甚至反而会激怒她。

霍卡雅的爸爸妈妈希望她长大能做律师或法官，如果你了解他们家的情况，就会觉得他们的期望挺合理的。

马拉梅　在我们家族里，有很多人都来法国读书。他们刚从塞内加尔来巴黎时都喜欢来我家落脚。比如说我那些做了工程师或者建筑师的侄子，还有人当了企业经理、教授。很早以前，我们家的人就通过"传帮带"来法国留学了。

霍卡雅　很多亲友通过来法国留学改变了命运，获得了社会地位的提升。看着这些活生生的例子，我的父母很早就觉得我们将来也会走这条路。我认为他们甚至连种族主义和社会阶层歧视的概念都没有，他们根本不认为黑人有什么弱势之处。

马拉梅·迪亚洛对她的父亲没有什么记忆。她出生的时候，她父亲已经75岁了；她3岁时，父亲便去世了。他曾在法国政府在塞内加尔开办的学校上学。为了同化殖民地的官二代，削弱他们的反抗精神，法国总督路易·菲德尔布推行了同化政策，强迫各个村落首领的后代到学校上学。后来，他到法国学习和生活了一段时间，做了律师，还成了法国国会塞内加尔裔议员布莱兹·迪亚涅（Blaise Diagne）的助手。霍卡雅对我说："在知道外祖父的故事后我非常震惊，没想到自己有一个能讲拉丁语的外祖父，他居然在法国做过官，还经常进出法国的国会。其实对于我和我妈来说，外祖父就是一个传说。他让我感觉自己与法国有了一种特殊的联系，让我觉得我们一家移民来法国是名正言顺的，让我觉得自己似乎没有那么平凡，让我觉得自己值得更好的生活。"

商学院毕业后，霍卡雅拒绝了兴业银行抛来的橄榄枝。"她说在银行前台工作像售货员，是服务别人，而她想要一份有决策权的工作！"霍卡雅的妈妈笑着对我说。她对女儿的这份决心和抱负似乎很满意。现在，霍卡雅又转了专业，开始学习新闻媒体。马拉梅无奈地模仿着女儿的腔调说："妈妈，我一直想学这个！"

像霍卡雅一样，图艾也是一个有主见的孩子。在大学科技学院的信息与交流专业毕业后，他获得了大学科技文凭。随后，他进入了法国艾斯蒂安高等艺术与设计学院学习应用艺术设计。一直想让他学医的老爸听到这个消息简直恼火极了，他冲着图艾怒吼道："你要去那里学什么，学画画吗？！"图艾的妈妈冉恩女士看上去要平静得多，她说："就像我平常对他的要求一样，只要他自己觉得高兴自在就好。"图艾很满意应用艺术设计这个专业，他说："我来艾斯蒂安真的来对了，在这里我看到了更多的从业可能性，比如学习图像艺术和传播交流专业的学生都能找到心仪的工作，这里真的很适合我。"20岁那年，图艾在他父母面前出柜了。对于在同性恋中扮演哪个角色还摇摆不定的他在出柜后开始认真思考这个问题。

图艾 我的同性恋身份让我背负着巨大的压力。我不是因为同性恋才会学习好，而是因为作为同性恋的我内心有一种怕被别人看穿的恐惧，这种恐惧让我在学校不敢肆意妄为，只能好好听课；也正因为我好好听课了所以才能跟上老师的步伐，所以我才成了好学生，就是这么简单。我一直觉得，让我迫不及待想要逃离以前生活圈子的缘由是我的同性恋身份而不是我的移民身份。

图艾读大学时做了很多份实习，除了实习，他也没忘记拓展自己的人脉关系网。他对我愤愤地说："有钱人家的小孩会说：'爸妈给了我一些钱，我想停下来过一个间隔年。'但是我就不能停。为了尽快找到一份满意的工作，我必须不停地实习，我可没有时间花在间隔年上！"图艾到艾斯蒂安的第一年就获得了一份到德国交换的机会，他在柏林待了三个月，其间还邀请妈妈来玩了一阵子。当我问冉恩女士对这次柏林之旅有什么感觉时，她只是简简单单地对我说："只要他开心幸福我就很满足了。"

在子女的工作上，我们父母的想象力少得可怜。在他们眼中的好职业大都只是些法国小资产阶级或者是中产阶级的代表性职业：比如霍卡雅应该做律师，图艾应该做医生，我应该做教授。这都是些职业特征明显和比较"中性"的职业。穿着制服，不涉及政治立场，不是上流社会的专属，只要肯努力就能获得。即便并不认识任何律师、医生或者教授，父母们也能把我们想象成这些人的样子。

值得注意的是，本书中许多父母对孩子的最高期望就是让他们当教授或者老师。虽然这些父母在很小的年纪就离开了学校，比如14岁或者18岁，但是老师们的身影在他们的记忆深处留下了烙印。在他们眼里，这是个社会地位很高的职业，还有许许多多的好处。曾经有人对我说："老师们好像很轻松啊！他们上班的时间好像挺短的！"说完才意识到自己好像说错话了。（似乎大家对老师拥有的超长假期都愤愤不已。比如做秘书的我妈，每年只有五个星期的假期，她就很羡慕老师。）然而，据我对大学圈子和媒体界的观察，对于富裕阶层来说，老师并不是一份值得骄傲的职业，是他们没有其他选择才不得已从事的职业。刚好我在这两种不同的阶层都生活过，可能只有像我这样的人才能品出其中的奥妙，才能发现原来不同的阶层对同一种职业的态度会有如此大的区别。

父母们对儿女的职业有着一份约定俗成的期待，而这份期待往往好像雾里看花，连他们自己也说不清楚所谓的好职业到底有何真实面目。最终，这份期待几乎都会落空，儿女们并不把它当一回事儿。我发现，似乎所有父母都喜欢对儿女的前途指手画脚，无论是那些没怎么好好读过书的父母还是那些受过高等教育的父母，他们都喜欢这么干。虽然后者可以利用自己对法国教育体系的了解让孩子对自己的意见有那么一点儿的重视，但孩子们早晚都会挣脱父母的桎梏，自己决定人生的方向。但区别还是存在的。对于我们这些阶层跨越者来说，我们的父母和我们过不了几招就放弃抵抗了，但是那些富裕阶层的继承者们则需要展开一场真正的战斗，其中有些人甚至与家庭断绝了关系——这可能会是我下一本书的主题。

在梅兹上预科班时，奥蕾莉·菲利佩蒂就知道自己以后要做什么了，她说长大想做教授。事后来看，她并不后悔年少时没去巴黎的亨利四世高中上预科班。她说回到梅兹上预科班会比较安心，压力也不大。1993年，她被法国高等人文科学师范学校录取了。而她的爸爸安吉洛却在一年前去世了，那时的奥蕾莉·菲利佩蒂只有20岁。父亲去世后，奥蕾莉·菲利佩蒂时不时会想起之前为了学习跟父母闹过的不愉快。

奥蕾莉·菲利佩蒂　我爸本来可以去法国高等矿业学院上学。因为他是国家的孤儿：我爷爷死于纳粹集中营。不出意外的话，我爸本可以在矿业系统里平步青云，但是为了不背叛他的矿工兄弟们，他把做工头或者工程师的可能性彻底掐灭了。反正他给我的理由就是这个。他说他有很多机会去上学、深造，但他没有那么做，因为那样就意味着跳到了他工人兄弟们的对立面。我爷爷是矿工，所以他觉得自己也得继续当矿工，他把这看作对我爷爷的忠诚。总之，在读书这个问题上，我对我爸的感觉总是游移于歉意和“必要的背叛”这两种情绪之间。

高三学习了哲学后，奥蕾莉·菲利佩蒂才开始对父亲有了这种“歉意和背叛的感觉”。哲学课上，老师布置了一篇论文。在看到奥蕾莉·菲利佩蒂写的哲学论文后，奥蕾莉的爸爸居然给阿尼塔姑姑打了个电话，在电话里面得意地念起了女儿的文章。回忆这桩往事时，奥蕾莉·菲利佩蒂在我面前笑得前俯后仰。

奥蕾莉·菲利佩蒂　我好像跟你说过，我爸并不喜欢文化人。但是据他所说，1968年五月风暴时他还特意去了趟巴黎，到索邦大学听了一场让-保罗·萨特的演讲。他说他面对面地跟萨特讨论了一会儿［奥蕾莉突然大笑起来］，给萨特讲了讲他们工人阶级的故事。他很喜欢讲这种故事给我听，其实我知道都是他胡编乱造的，但是这就是我爸性格的一部分。他编造出的这些故事确实有点可笑。一方面他认为知识分子高高在上，对工人阶级的世界一无所知；但另一方面，他又不是真正的反智主义者，因为他觉得文化和知识就是一把开启自由的钥匙，一条通往自由的道路。他喜欢时不时地对“臭老九们”讽刺一番，但心里还是比较欣赏他们的。他之所以给我讲萨特的故事，就是想吓唬吓唬我，想告诉我萨特也不比他厉害多少，而且他们工人阶级也是有东西可以与文化界交流的。

在奥蕾莉·菲利佩蒂失去父亲的那一年，米歇尔·罗斯与父亲的关系因为一件小事变得很差。米歇尔上大学后，到英国伯明翰做了一年的大学交换生。在这一年里，他和室友西里尔成为了好朋友。西里尔来自巴黎，家里很有钱。回到法国后，他邀请米歇尔八月初住进他们家在土耳其的别墅度假，预计将离开法国两个星期。可麻烦来了，八月初正是米歇尔老家收获土豆的季节。

米歇尔　那年我21岁。当时正值暑假，人生中第一次收到了度假的邀请，我当然很想去了，所以我对爸爸和祖父说我今年不能回家挖土豆了，但我不知道他们的反应会如此激烈。他们对我说：“你小子太狂了吧。”“你以为你是谁？”我爸对我施了一个苦肉计，说我如果一走了之的话，爷爷奶奶就得来顶替我的位置，他们都70岁了……一想到爷爷奶奶对我失望的样子，我确实心很乱，也动摇过，但我还是大逆不道地跑去土耳其了。我回来后，我爸就没给过我一天好脸色。

杰基说他记不起来这件事了，他说：“我现在老了，只想得起头天晚上发生过的事了！”

米歇尔18到20岁时，也就是他在政治学院读书的头几年，每个星期都会回农场帮忙。他拿着五等奖学金，每个月有350欧元入账，这笔钱足够他在普罗旺斯艾克斯的大学城里生活下去了，而且杰基还会时不时地给他些钱去付学费。米歇尔有个习惯，那就是每天早上步行到学校图书馆看他最喜欢的《世界报》。去英国交换是米歇尔一直都有的计划，但前提是必须说服父母，要让他们觉得去国外实习一年非常有必要，这样他才能搭上飞往伯明翰的航班，还好他成功了。就这样，他人生中第一次坐上了飞机。

米歇尔　幸亏我申请了伊拉斯谟计划①，才能去英国交换一年。到了英国后我觉得自己才算真正见过了世界，这算是我人生的一次开悟吧。然而这一年最让我震惊的不是别的，而是下馆子这件事。我家以前从没有下馆子的习惯，我也是在英国才第一次和朋友们下了馆子。在这方面我就是个小白，什么也不懂。正是在一场饭局上，我认识了西里尔，后来我们俩成了室友。他是那种非常典型的巴黎人，我们口中的城里人，眼界很宽，什么都见识过。他带我去看电影，我第一次蹦迪也是跟着他去的，我们还常常一起打台球。西里尔确实改变了我许多。渐渐地，我发现自己有点

① 伊拉斯谟计划（Erasmus Programme，即European Community Action Scheme for the Mobility of University Students）是欧洲各共同体在1987年成立的一个学生交换项目。该计划施用于高等教育，旨在加强成员国大学间跨国合作，提升高等教育质量，促进各大学间学历互相认可。——译注

儿爱上他了。他知道我的父母是农民，所以他很用心地带我做了很多以往没做过的事。

在英国交换时，米歇尔一天到晚都泡在伯明翰大学的图书馆里，对着电脑屏幕浏览《世界报》的网站。那时，一位墨西哥女性好友发现了米歇尔对新闻的兴趣，建议他可以朝新闻记者的方向发展。米歇尔觉得这个主意不错，所以他报名参加了巴黎政治学院新闻专业的入学考试。

米歇尔　我以非常好的成绩通过了笔试，20分的总分我得了14分。随后我收到了面试的通知，那年的面试考场设在了法国国立行政学院。到那儿后我都惊呆了：到处都是古老的建筑，仿佛穿越到了古代。我的面试进行得很顺利，时政新闻部分考得很好。到了最后一个问题时，考官问我："在你看来，一名记者应该挣多少钱？"我对这个问题没有任何概念，所以我对他们说："差不多1 500欧元一个月吧。"听到我的回答后所有考官开始哄堂大笑。我后来不出意外地收到了拒信，信里还附上了一段拒绝我的理由，这个理由是如此高冷：一位讨人喜欢的、对新闻业充满热情的考生，但是缺乏对新闻业劳动力市场的基本认识。[米歇尔抬高了声调]如果你的父母都不了解记者行业，你怎么会清楚呢？！总之，我没被巴黎政治学院新闻专业录取是因为我出身不好。

22岁那年，米歇尔进入隶属于巴黎第四大学的信息与传播高等研究学院学习，虽然不及巴黎政治学院的新闻系有名，但这也是一所知名的新闻学院。在四大学习期间，米歇尔的第一份实习便敲开了《世界报》的大门。那一年，《世界报》报道了许多农民自杀事件。米歇尔回忆道："一位记者开玩笑地说农民们都将以自杀结束生命。我心想：'她怎么能说出这么无知和残酷的话？'但我什么都没有说，在《世界报》实习是我的梦想，我不想和任何人发生争执，所以我悄悄地走开了。"杰基可没那么在乎，他觉得儿子在《世界报》实习也没什么大不了。他反而记得儿子在《普罗旺斯报》的实习，因为这份报纸每天早上都会出现在爷爷奶奶的餐桌上，虽然没有人会认真去读。

米歇尔　爷爷奶奶把我在《普罗旺斯报》上发表的所有文章都剪了下来，当我爸爸看到我写的文章时，他开始有点以我为荣了。我想他之所以感到骄傲是因为我的爷爷奶奶为我感到骄傲。

杰基　是的，是的，我记得他在《普罗旺斯报》的那次实习，米歇尔采访过一个护士，我以前还跟她讲过话呢。

要获得家人的认可其实不用很费劲儿，就像我的家人们对我的大部分实习都不感兴趣，但我在伊泽尔省的"蓝色法国"电台的那次实习就轻松获得了他们的认可。我跟他们讲述每一次采访，比如探访夏蒙·索姆山上的羊圈，报道格勒诺布尔市有轨电车因在车厢内举办临时艺术展而停运等。我在家人面前侃侃而谈，一个细节都没放过。现在回想起来我不禁自问，我怎么能记得这么清楚？难不成有些细节是我现编的？

爸爸　你的报道非常接地气，我们很喜欢看，因为我们就住在乡下。但是你报道的这些内容你平常都没接触过吧。

妈妈　我同意你爸说的，我们也会收听你在巴黎实习的那些广播频道，但是我们不喜欢你节目里邀请的那些嘉宾。无论如何，我把你所有发表的文章都打印下来了，放到了一个专门的盒子里。

为什么家人的认可让我有了一种大功告成的感觉？是不是我在家附近的媒体工作就能皆大欢喜了？当我把印有我第一篇文章的那份《世界报》拿给外公看时，他惊叹道："啊！这是我老板看的报纸。"外公还是比较仁慈的，他玩笑般地给了我一些毒舌的批评，可能他真的觉得我的文章很糟糕吧。我想起妈妈之前跟我玩过的文字游戏，她说："《世界报》，这报纸可不是给世界上所有人看的！"

大卫、帕斯卡利娜和米歇尔成功逃离了原有的生活（住在巴黎大区的霍卡雅和图艾的情况跟他们几个有所不同）。像他们一样，奥利维耶·塞亚尔也准备逃离了，在贝桑松上了两年大学本科后，他收拾行囊，准备去蒙彼利埃学习艺术史。

奥利维耶　这事儿挺奇怪的，之前我一心想着离开我的父母，但是真的离开后我才发现并不如我想象中那么轻松。虽然我和我爸的关系并不好，但是他还是默默地来蒙彼利埃帮我打点和布置新住所。送他回家那天，我们俩在火车站吃着黄油火腿三明治当午饭，当他抬起头的一瞬间，我看到了他脸上挂着泪，我的眼泪也不争气地掉下来了，上车时我俩哭着说再见。到现在我也不明白为什么那天会那么难受，以前我总觉得必须离开家，必须远离父母，但是真的离开他们后我也不好受，可笑的是我现在所做的一切都在把父母推得越来越远。

奥利维耶在蒙彼利埃学艺术史时认识了班上一个名叫娜塔莉的女孩。奥利维耶常去娜塔莉的妈妈家做客，她的妈妈是一位离过婚的经济学教授，这位女教授给他留下了深刻的印象。

奥利维耶　她家是一套带着阁楼的顶层，足足200平，家里装饰着许多古董，实在是太美了，我都被惊呆了。我心想："这也太漂亮了吧，她要是我妈就好了，我们就可以彻夜长谈文学了。"但我和这位女教授聊的主要是一些政治话题。其实在与她见面之前，我就在电话里为之倾倒了，她对我说："我经常听娜塔莉提到你。"第一次听别人对我讲这样的话，让我心中泛起了一种奇特的感觉。

23岁那年奥利维耶拿到了艺术史文凭，随后，他便只身前往了巴黎。出发前没有任何职业规划，他只能在里昂火车站邮局找了份整理邮包的工作。他说："这些大邮包被我码得很牢固，哪怕对着下面开两枪，这些邮包都不会倒，你说牛不牛？天天被堆成小山一样高的邮包围着，我感觉自己都快得幽闭恐惧症了。我在这里干了两年，都干成了老师傅了，带个新人也不在话下。"奥利维耶租了一套朋友的公寓，据他所说，这个朋友是个"资产阶级"。搬离时，他拖欠了这个"资产阶级"朋友最后一个月的房租。

奥利维耶 其实我要感谢他以比较优惠的价格租这套房给我，不然以我的家庭条件在巴黎是万万租不起这样的房子的。我安慰自己："没关系，他没钱的话，他父母会打给他的。"我对他说："你不要生气，我没有钱给你，但你缺了我这笔钱也不会死吧。"他很震惊。但没办法，我就是要这样占他这种有钱人的便宜。换句话说，穷人就是有这样的权利，我就是不交房租，就是不还那些家庭情况好、社会阶层高的人的钱。后来我发现不应该那样做，但是当时我也没有别的办法，只能这样应付过去了。

我可没有奥利维耶那么大胆，从没想过像他那样不顾一切地去首都冒险。

其实2009年的那个夏天，我确实去了巴黎，不过我是去参加巴黎高等师范学院的入学考试的。幸运的是，和我的高中好友劳拉一样，我的好朋友让·巴普蒂斯特也从格勒诺布尔北上巴黎求学了。所以考试前一天的晚上，我就住在了他在巴黎的公寓里。那时，在格勒诺布尔-司汤达大学的圣·马丁·艾赫斯校区读现代文学专业的我只有19岁，刚刚参加完本科二年级的期末考试，但是我打工的店的老板禁止我请一天的假去巴黎，他说就算是要参加大学校的考试也不可以缺勤，否则他会追究我的职业过失责任。第二年夏天，我天天都去格勒诺布尔市中心的吉尔伯特·约瑟夫图书馆打工，在学习资料区整理书籍，以此为我的大学生活赚些零花钱。我很喜欢格勒诺布尔-司汤达大学的校园，校园里有很多绿色的大草坪，就像在美国电影里看到的校园那样。我也舍不得我的朋友们，艾莉婕、奥德和拉芙洛，我们一起度过了一段美好的校园时光，无论四季如何变化，我们都在一起，我们一起去图书馆，一起去特百惠，中午在一起吃三明治。我上大学时也住在了父母家里，从家到学校需要一个钟头，回来也需要一个钟头，但是我依然觉得度过了一段美好的大学时光。在本科第一年结束后，我发现许多同学没有继续上学，而是换了别的学校和专业。

本科第二年的时候，虽然班上只剩下了六十几个学生了，但我也没偷懒，每次上课都坐在阶梯教室的第一排专心听讲，因为我总觉得自己还有很多东西要学。一天，教奇幻文学课的老师安吉丽娜·布雷托女士告诉我一个消息，她说就算已经上大学了也可以报名参加高等师范学校的选拔考试。我之前从未听说过这种神秘的招生途径，也没专门去打听过，因为我觉得自己在格勒诺布尔-司汤达大学过得挺好，从没想过要离开这里。

我　我那年要去巴黎高师参加招生考试时是怎么跟你们说的来着，你们还记得吗？

妈妈　没说什么啊，你还说你不会去。

爸爸　我记得那年萨科齐推行了一项政策，迫使大学校招收来自不同社会阶层的学生。

我爸提到的政策是2008年法国总统萨科齐在巴黎综合理工学院外亲口宣布的一项教育改革方案。他要求大学校招收的新生中应有30%的学生来自中低收入家庭。然而，这个目标远远未能实现，大学校只是增加了一些平行选拔的途径，就像我在大学本科时参加的那种选拔一样。其实，萨科齐也只是说说而已，这项政策从未真正落实，即便他在卸任后堂而皇之地对媒体说自己已经执行了这项政策。所以，我觉得自己被巴黎高等师范学院录取也并非完全得益于萨科奇。

爸爸　后来你收到了大学老师的邮件……

妈妈　她说知道你参加了巴黎高师的选拔，她很高兴，还说你是一个好学生……

我　我那时候都不知道巴黎高师这所学校，那你们是不是也不知道？

妈妈　对，我们不知道。我们心想你要去上的这个学校究竟是什么玩意儿啊。

爸爸　我们听说过巴黎的一些大学校，因为电视、报纸里有时会提到。但从来没听说过巴黎高师。

妈妈　我们完全蒙了，你是八月底被通知录取的，但是学校让你15天后就去报到，真是太赶了，只有15天的时间准备。

我　而且最重要的是，你们完全没有想过我会去巴黎。

妈妈　我记得我们都跟你说："别去参加那个考试了！"

我　是的，你跟我说过在这里念大学挺好的，什么都有。

爸爸　确实，相对于我们罗讷·阿尔卑斯大区来说，你读的大学已经够好的了，没有必要再去别的地方。

妈妈　我们觉得你没有任何理由去巴黎。

爸爸　你先去巴黎高师参加了一个笔试和面试。

妈妈　是的，我还记得你那天早上是坐火车去的。

爸爸　你成绩不错，就收到了录取通知书。

妈妈　然后麻烦就来了，我们没有限制你的任何发展，但是你突然要离开的消息让我们很混乱，真的不知怎么面对。我就是想给你讲讲在这件事上我和你爸的负面感受［笑］。我对自己说，从今天起，我们家的日子就要大变样了，我们从没有想过会这样。

现在回首看，这并不是什么灾难，但是那时我和你爸就是没办法理智地接受这个事实。

爸爸 从经济方面来说，我们也不知道需要花多少钱，也不知道他们会给你多少奖学金。

我跟他们开玩笑地说："那些巴黎高中生的家长恨不得杀了班上前几名的学霸，好让自己的子女能够顶替他们的位置进入巴黎高师，而你们还在担心钱的问题。"讲完后，我期待地看着爸爸妈妈，但显然他们并不觉得有什么好笑的。

爸爸 是的，他们的世界与我们的不同，而且他们知道很多手段……

妈妈 我是无论如何都不可能去杀人的，而且我本来就不希望你被录取［笑］。那时我也不纠结这个事了，我对自己说算了吧，不管了。不，我应该说你去巴黎真是好极了，好极了！在这一点上我们可不能说谎话，得承认确实是好极了。

我 究竟是算了吧还是好极了？

妈妈 看到你现在很开心，那就是好极了。但是你有没有想过，难道你不去巴黎高师上学就达不到现在的成就了吗？

爸爸 你在这里可以读完本科再继续读硕士呀。

2009年9月4号，当我告诉爸妈我被巴黎高师录取了时，我爸爸什么也没说，妈妈则是五味杂陈。在格勒诺布尔我活得挺好，什么也不缺，但是巴黎太远了，也太贵了。我对他们说，有了奖学金，我完全不用为学费和生活费发愁，其实我根本不确定能拿到奖学金，我撒了谎。我的内心在喜悦和愤怒这两种情绪之间挣扎。录取通知让我感到一种喜悦，然而这种喜悦却不是踏踏实实的，只让我感到惶恐。另一边，我对父母的不懂行感到恼火，他们只为我即将的离别感到伤感和恼怒，完全不明白被巴黎高师录取意味着什么。最后，我的所有情绪都化作了另外一种东西：忧郁。这份忧郁让之前的喜悦和愤怒全都消散了。天黑后，我默默地躺到了从小就睡的那张床上。想着今后的生活再也不会像现在这个样子了，我的心开始狂跳起来，一会儿开心，一会儿难过，搞得自己差点吐出来了。

我在文化电台的同事，艾洛蒂·华耶在南锡市结束了两年的预科班课程后同样也选择了来到巴黎。其实她在小学时就曾经来过巴黎，可以说巴黎已经深深地刻在了她的脑子里了。

艾洛蒂　我高中毕业时妈妈去世了，所以我在预科班的这两年过得很混乱，成绩不太好，差着其他同学一大截。但是德语老师对我非常好。虽然我很用功，但是我的成绩还是很差。她发现后就送了我一对耳环，对我说："加油，艾洛蒂！你能行的。"我参加了巴黎高师的入学考试，但是没被录取，只取得了初试备取者的资格（sous-admissible）。我感觉身边的人都不怎么喜欢我，我爸爸平常对我也不闻不问的。

埃尔维 我完全跟不上趟了。预科班太难了，不是我这个水平能辅导的。我女儿的成绩在班上一般，中等水平，平均分也就9分到10分左右。她好像也不是很努力，还交了个男朋友，所以我想她应该没有尽全力吧。[笑]

埃尔维不了解预科班的残酷，像他这样不懂行的父母可能觉得这个分数很可怕。但懂行的父母就明白，在预科班里能得10分就算考得不错了。埃尔维已经放弃照管女儿了，但是他还是帮助女儿在巴黎市郊的一户人家安顿了下来。他已经明确地告诉女儿自己没办法在经济上帮助她，所以她得自力更生。艾洛蒂先是以交换互惠生的身份在巴黎近郊丰特奈–玫瑰镇（上塞纳省）的一户人家里居住了下来，管吃管住，但是要帮这家人照看孩子。后来，她到了一家面包店工作。大三时又在大学附近的一家餐馆打工。之后的日子，艾洛蒂又会面临什么呢？

虽然艾洛蒂的妈妈薇薇安娜已经去世了，但她生前行过的善最终都回报在了女儿艾洛蒂的身上，为女儿指明了前方的道路。有一天，艾洛蒂接到一位名叫爱思黛拉·卡普（Estelle Gapp）的人打来的电话，她自称是法国国内广播电台的工作人员。爱思黛拉说她一位做老师的朋友把艾洛蒂推荐给了她，还说艾洛蒂是一个非常好的姑娘。刚好她有事要离开，所以想请艾洛蒂来电台帮她接几天班。她们来到巴黎圣米歇尔大街的一家咖啡馆见面，聊上几句后，艾洛蒂马上就意识到了爱思黛拉所说的女教师就是安娜贝尔，那位她小时候最喜欢的，村里最好的女老师。虽然薇薇安娜当时只是学校里的一名清洁女工，但安娜贝尔跟她做了好朋友。她也和艾洛蒂成了好朋友，因为她发现这个乖巧的女孩每天放学后都会安静地等待妈妈结束清洁工作来接她一起回家。艾洛蒂感动地对我说："我觉得安娜贝尔老师真的特别喜欢我妈妈。"以至于11年后她仍然以这种秘而不露的方式悄悄地帮助着薇薇安娜的女儿，这不就是人们所说的福报吗？

伊茹·巴德每天都会为孩子们祈祷，祈祷他们考试取得好成绩。"我的祈祷每次都很灵验。"伊茹泰然自若地对我说。她说话时的眼睛笑得弯弯的，这说明她要开始讲段子了。她接着说："只不过有一次例外，就是我回摩洛哥的那次。我的护照过期了，没法及时赶回法国为他祈祷，所以优素福就考砸了。"听完伊茹的碎碎念，巴德一家人开始哄堂大笑。伊茹则自顾自地从厨房端出几十道菜摆在了客厅的矮桌上——斋月结束的钟声已经敲响。

伊茹提到的那场考试是法国国立法官学院的入学选拔考试，也是法国最难的考试之一。进入巴黎十三大在维达勒兹镇校区的大学科技学院法律系后，优素福开始拼命地学习。听从一位教授的建议，他计划毕业后到巴黎继续深造。在刻苦学习的同时，他也没闲着，利用课余时间打了很多份工，想为日后到巴黎读书攒点钱。他数着手指对我说:“仔细想想，我确实吃过很多苦，除了在露天市场上打工，我还发过传单，做过送货员、收货员，还卖过电话保险。”优素福的弟弟在吉拉里创办了一家小型网约车公司，他对我抱怨道:“和优素福住一间房太痛苦了，他仗着学习好就天天晚睡，大晚上还开着灯，妈妈也不说他。但是你知道吗?这样太影响我的睡眠质量了!”

在国立法官学院入学考试的前几天，优素福在电视上看了“乌特尔案”听证会的直播。在此案的6名犯罪嫌疑人被无罪释放后，预审法官法布里斯·布尔戈在听证会上就自己3年前受理的“乌特尔案”向议会特别调查委员会进行解释。这场听证会给优素福留下了深刻的记忆。他说:“这简直就是法国司法界的灾难，我难以想象会发生这种事。我妈站在我后面不停地说:‘你确定这就是你以后想做的职业吗?你确定这就是你以后想做的事吗?’听到我妈这么说，家里人都笑了，他们问我妈对于法国的这次司法灾难该如何收场有何高见。我妈脑子清楚得很，她对我说:‘优素福，这个问题我认真考虑过了，如果你在工作上遇到搞不定的事情，你得跟你的同事商量，千万别一个人担着。’实际上，我妈早就给出了‘乌特尔案’后法国司法预审制改革的方案，那就是预审法官要更多地以合议庭的方式来工作。不知道我们国家的国民议会要经过多少次讨论才能得出和我妈一样的结论!”

优素福的第一次考试失败了，在两个哥哥的鼓励下，第二年他又重新考了一次，这次他终于被录取了。听到这个消息后，家里所有的孩子都让伊茹不要再去上班了。优素福自己也觉得考上了国立法官学院就意味着好日子就在眼前了，毕业后绝对能把家里人照顾得很好。但是伊茹对孩子们说："没门儿，现在我就要去上班，然后告诉所有人我儿子被国立法官学院录取了！"优素福说："真好笑，你想在商场打扫厕所时对所有来上厕所的人宣布这个消息吗？"伊茹说："那起码我打扫起厕所来也是昂首挺胸的，不行吗？"

吕斯和她的妈妈希尔维也昂首挺胸地离开了巴黎高等师范学院毕业典礼的现场。在巴黎16区著名的冉森·德·塞利高中上了两年预科班后，吕斯顺利地考入了巴黎高师，比我进入巴黎高师的时间晚了4年。

吕斯　在毕业典礼上作为毕业生代表发言是我人生的转折点。我用了很长时间准备我的发言稿。我发言稿的言辞之犀利，怎么说呢，简直可以用恐怖来形容，就像一颗随时会爆炸的炸弹，不知道哪一句话会引爆现场观众的神经。

吕斯的妈妈希尔维和妹妹莉罗在现场为她录像，她们俩并不知道吕斯即将演讲的内容。当时的会场气氛很轻松随意。教务处长穿着酒红色和黄色相间的长袍走在前面，一群毕业生跟随着她鱼贯而出。等他们站定后，校长为他们一一佩戴印有巴黎高师校徽的紫色绶带。吕斯缓缓登上了讲台，开始了她的演讲，喧闹的大厅霎时间变得鸦雀无声。

吕斯 我的名字叫吕斯·普劳特豪斯，我的妈妈是一名清洁工，我的爸爸是一名面点师。我生长在南锡郊区的一处贫民区里。然而我能站在这里并不代表和我一样出身的人都能站在这里，并不能证明法国社会就是任人唯贤的。相反，巴黎高师仍然是社会再生产的一个工具。[此时会场上响起了零星的掌声]事实上，我这类人就像空气中一颗细小的尘埃，并不能改变社会再生产这台机器的运转。看吧，数据可以告诉我们真相：巴黎高师中仅有3%的学生父母之一是工人。从1961年到2015年，这个数字都没有改变过……当你来自底层社会，而你又有幸一路走到了这里，你会感到自己与周围格格不入。那些阶层之间的壁垒、同学们特有的氛围、平常的谈资、说话的方式、聊天的内容、举止穿着，还有他们的生活方式、思维模式、感知力和行为习惯，所有这些差异都让你感觉到自己不属于这里，有些同学甚至还会直视着你的眼睛对你说出这个事实。

随后，吕斯论述了物质上的不平等导致不同出身的学生之间存在着难以跨越的鸿沟。然后又转为抨击巴黎高师的奖学金太高了，每个学期一次的奖学金发放就像在给学生做融资，普通学校的学生可享受不到这种待遇。最后她说："巴黎高师的每个学生每月都有差不多1 300欧元的政府补贴，而且一发就是四年，比法国最低工资还高了200欧，比CROUS[①]的最高档奖学金还多800欧。对于上层社会的同学来说，这笔钱可能不算什么，但如果被用来资助真正需要它的人的话，那这些钱会更有价值。”发言持续了八分多钟，全场寂静无声。最后，吕斯开始了她的总结：“希望我的发言能够体现精英的批判精神。我想借此机会向我的家人们表达敬意，向我出身的阶层表达敬意，向我在这里认识的朋友们表达敬意，向我的社会学老师们表达敬意，他们教给了我很多东西，我很感谢他们。”

会场上先是一阵躁动，随后便爆发出雷鸣般的掌声。回家后，吕斯骄傲地把这份演讲稿分享在了她的社交媒体上。吕斯的妈妈希尔维从在会场坐下后就一直盯着吕斯，不放过女儿在台上的任何一秒钟。我们俩在南锡市中心的小酒馆见面那天，她指了指身上黑白相间的连衣裙，告诉我这就是她在吕斯毕业典礼那天穿的裙子。

希尔维　吕斯想在毕业典礼上反映出真实的自己，所以穿了一件用一欧元买来的外套。没有矫揉造作，也没有瞎讲究，我确信她还是原来的那个吕斯。可我却没有吕斯的自信，我感到很不

① CROUS的全称是区域大学与学业事务中心，是法国的一个公共行政机构，主要负责社会救助、国际学生接待、学生住房、大学食堂以及学生文化生活。——译注

安，因为会场上的人看起来都出身不凡，一眼看去就能知道我跟他们不是一类人。而且我的发型在会场上也显得特别突兀，总让我感觉别人都在看我。我发现吕斯上台演讲前从衣服口袋里掏出两页揉得皱巴巴的纸，我就知道那是她的演讲稿。这孩子从不用手提包，喜欢把所有东西都叠起来装到衣服口袋里。然后她就开始了复仇般的演讲。我心想："哇，她终于讲出了自己想讲的话，这就是我的吕斯，勇敢的吕斯。"掌声响起时，我才明白她的演讲成功了。演讲结束后，很多人过来向我表示祝贺，他们都称赞吕斯讲得很好。我发现来给我道贺的人里大部分都是女士，其中只有一位是男士。

然后茶歇开始了，希尔维发现上层社会的人居然也会不顾体面争前恐后地拿取蛋糕和咖啡。她说："我们没吃东西就直接走了，我不想为了一块蛋糕挤来挤去。另外我也不太喜欢校长的发言，他用的词太难懂了。可能他不指望所有人都能听得懂吧，反正我是一句都没听明白。让我觉得不错的是他还提到了吕斯的发言。"后来吕斯对我说："校长的发言里夹杂着巴黎高师人才听得懂的黑话，这绝对是区分社会阶层的超级利器。看着妈妈和妹妹在台下因为听不懂而迷惑的样子，我觉得特别的尴尬。"

其实在毕业典礼上一鸣惊人之前，母女俩已经很久没见过面了，这种"疏远"既存在于距离上，也存在于心理上。自从进入名校冉森·德·塞利高中学习后，吕斯已经完全将法国社会的

“主流文化”融入了自己的生活，她不再纠结于自己在社会上的角色问题了，她说：“我过着双重生活。”她的妈妈也承认这一点。

希尔维　她不再喜欢我给她做的菜了，尽管她以前很喜欢吃。只要她张开嘴巴，我们就在吵架。我对自己说算了，就当没养过这个孩子。她的眼光很高，在她看来，我和她爸爸已经不够好了，她追求更高的目标，这让我很受伤。难以想象以前跟自己很亲密无间的孩子一夜之间就变得看不起自己了。她脑子里到底是怎么想的？虽然我们没有钱，但我们也不坏，是吧？我对自己说，就当这个孩子丢了吧，就当我们再也见不到她了吧。这样恐怕她对我们也会产生羞愧吧。但我觉得这并不是她自己产生的羞愧，可能是其他人让她有这种感受的。因为她很外向，有许多不同阶层的、做各种职业的朋友。我不知道她在想什么，但是我能感受到她对我们的负面情绪，她爸爸也感受到了。

我在2014年参加巴黎高师毕业典礼时并没有机会上台演讲。其间，我一直恭敬地抬着头，等待校长给我戴上紫色绶带。授予仪式结束后，我骄傲地把绶带高高地举起，在相机前开心地摆出各种造型。实际上，我一直担心坐在台下的父母是否对这种场合感到不自在。对于我的这个问题，爸妈并没有正面回答，总在东扯西拉地说些别的。我妈说坐在一大群聪明人和天才中间让她印象深刻！我爸觉得除了会场人太多让他多少感到有点窒息外，其他都挺好的。他们最后居然说："你本来可以穿得再好一点，你那天穿得太丑了。马丁（我那时的男朋友）就穿得特别好看！"（真是一记来自亲妈的暴击。）

想成为精英中的一分子可没那么简单，必须一路升级打怪。安娜·保利有一个比她大12岁的哥哥，他俩都读过读工程师学校预科班，而且双双在读预科班时得了抑郁症。安娜说："我和哥哥都受不了预科班激烈的竞争，可是爸爸妈妈都没有意识到我已经生病了。那个时期我体重增加了20公斤，只想睡觉，根本不想去上课。安娜的姨妈克劳蒂娜在接受我的采访时也证实了安娜的话，她说："我知道安娜在预科班过得并不开心，但是所有人都知道在预科班没有人能帮你，只有自己拯救自己。竞争是很激烈，而且预科班的社会再生产甚至比大学里还要严重。"在读预科班时，一位文学课老师甚至对安娜说："这个班好像没你什么事。"安娜对我解释道："我很清楚他想对我说的是：我们这里并不欢迎你。他甚至都不愿花时间帮我改议论文。"在上了两年的预科班后，安娜不再想申请大学校了，她转去了南特大学读文学本科专业的三年级，这对她来说是一种解脱，她又回到了好学生的位置上，可对未来却一片茫然。

在南特上学期间，安娜在市郊的几所初中和高中担任学生管理员，这个工作她一干就是7年。克劳蒂娜姨妈说："为了生活，安娜干过很多活。在做学生管理员之前，她曾在巴黎的一家青年旅馆做前台。我知道她花了很长时间才找到自己喜欢做的事，我也知道她之前在预科班时不太开心，导致她对自己没有信心。幸运的是，后来她接受了编辑秘书的培训，她很喜欢这项工作。”为了使侄女安心，克劳蒂娜告诉她可以先找一份糊口的工作，然后再在工作之余做自己喜欢做的事。安娜说：“姨妈对我说：‘有了工作，才有生活。’这让我如释重负。”安娜很喜欢读书，她读的书很杂，并不局限于文学专业要求读的那些经典著作。除此之外，安娜还接触了巴黎性少数团体的文化——也是属于她自己的文化。

安娜　我很快发现对同性的爱恋在我的生活中扮演了重要的角色。最终我变成了这种小众文化的粉丝，但是我的家人没法接受！所以当我发现自己是女同性恋者后，我就不能跟父母待在一起了，他们是不会理解我的，而且他们的生活也是一团糟。我的爸爸是个酒鬼，我的妈妈很孤单，她在工作的地方没有朋友，所以她把去教堂当成了生活的寄托。我的爸爸妈妈都是聪明的人，但是不幸的是，他们都在忍受着生活的折磨。

安娜26岁那年，妈妈弗朗索瓦丝患上了癌症。克劳蒂娜小姨成为了“丁香仙女”，全心照顾着她的姐姐、侄女和侄儿三个人。弗朗索瓦丝在2002年去世了，那个时候安娜还在寻找她求学的方向。

托尼·布兰多知道自己想做什么：写书。但是他只有17岁，没有人能理解他的抱负。他的这个想法早在巴黎亨利四世高中读一年级时就产生了，那个学校里很多同学的父母都出过书，所以他觉得自己有朝一日也可以出书。回到老家读高中后，从高三开始，托尼每天晚上都在餐馆打工。白天就待在家里什么也不干光顾着写书。妈妈米希亚姆当然很反对他这样浑浑噩噩地过日子，所以托尼一气之下直接去了里昂。三周后，他告诉他的妈妈，他已经在一家职业介绍所填资料申请了工作。

米希亚姆　那时，我对自己说："不要管他了，就让他去工厂吧，去当搬运工吧！"

托尼　我觉得学习已经是过去式了，就应该干些家里人都干的活，到工厂上班挺好的。

4个月里，托尼一直围绕着塑料牛奶瓶打转。他对我说："难怪我爸看起来呆呆的，难怪！当你一整天都重复同样的工作时，你也会变傻。还有你能忍受每次进出工厂都被搜身吗？"

12月的一天晚上，从工厂下班后，托尼边开车边听欧洲一台的广播，突然广播里传出了一个熟悉的声音，托尼认出那是他在亨利四世高中的一位老同学，这位同学正在广播里介绍他的一本新书。突然间，托尼感觉自尊心被狠狠地刺伤了，他开始到处打听怎么才能参加巴黎政治学院的特别录取考试。鉴于他高中毕业会考的成绩还不错，巴黎政治学院给他发了笔试通知。到了面试的那天，他告诉妈妈要去另一家比较远的餐厅打工，得到晚上才会回来。然后他就搭上火车去巴黎参加了面试。托尼对我说："那天考试结束后评委老师居然对我说我被录取了，他们还说我是被特殊录取的，之前还没有过这种先例。"

托尼从巴黎回来时，米希亚姆正在隔壁村子的托儿所干活。她每天晚上九点到凌晨一点都会在托儿所做清洁，然后凌晨三点到早上七点又去小学、工厂或者电影院打扫卫生。"托尼知道去哪里找我，"米希亚姆说，"他知道我的工作时间。"当托尼抵达托儿所时已是午夜，保安已经把门锁了，他只好打电话让妈妈来开门。米希亚姆回忆道："听到托尼被录取的消息时我开心极了，但我忍住了和同事炫耀的冲动，下班就回家了。我感觉脑袋晕乎乎的，过了好几个星期我才缓过神来。"

米希亚姆　托尼在大门外叫我的时候，我正在干活，我在想他来找我干什么？这个晚上肯定要出大事了。他对我说："开门，我在这儿。"开门后，我看见他的脸上满是笑意。他说他刚从巴黎回来，刚刚通过了巴黎政治学院的面试。我感到很高兴，因为我看到儿子身上充满了正能量，我看到他的眼睛在发光。我也开心地拾起了手中的活，觉得干起活来更有劲儿了。

就像平常一样，托尼帮助妈妈把活干完了。米希亚姆说："我们干活时聊了很多关于今后的计划，我很高兴儿子会帮我的忙，干活能让他脚踏实地些。托尼的毛病就是想得太多，所以让他动起来是非常有必要的。”她向儿子分享了少睡的秘诀：喝咖啡，每次睡觉不超过一个半小时，以防止进入深度睡眠。

2014年，托尼进入了巴黎政治学院学习，他也改变了很多。在托尼的对比下，米希亚姆发现自己的其他子女似乎对人生没有追求：其中一个儿子想做汽车销售员，另一个儿子想跟随母亲做临时清洁工或者是前台接待员，女儿想当护士。

米希亚姆 我当时非常生气，特别是知道我那个有健康问题的女儿还想当护士时，我就更生气了。后来我觉得她很有勇气，其实能做自己喜欢的事，就是一种幸福了。但是我发现托尼竟然看不起他的弟弟妹妹，我非常严厉地斥责了托尼，我对他说：“你虽然在巴黎政治学院学习，但是我觉得你过得并不开心，所以请你闭嘴。”其实我应该心平气和一些，托尼过得并不好，我也很担心。我知道他的愿望很简单，他只是希望得到自由，希望自己过去的经历能被别人看得起，包括曾经在亨利四世高中读书的经历。但我发现他的眼中有种求而不得的痛苦，他平时最喜欢批判他那些精英学校的同学们，但是他却效仿那些人的口吻来嘲笑弟弟妹妹们。所以我觉得他追求的精神自由不过如此，他变得越来越狭隘，变成了一个傲慢的人。在我看来，这是一种失败。

2019年，米希亚姆带着托尼的5个弟弟妹妹来到巴黎爱乐音乐厅参加巴黎政治学院的毕业典礼。托尼对我说："你应该来看看我同学的父母都是啥样的人，毕业典礼上充斥着上流社会的东西，香槟、甜点，应有尽有。"米希亚姆却很担心。

米希亚姆　我感觉自己在毕业典礼上显得格格不入。你看看我，独自一人，身旁围绕着五个孩子，而他们基本都是夫妇二人。他们长得也好看，穿得也漂亮，而且一些人甚至还带了自己的私人摄影师。我已经很认真地听他们讲话了，但是我什么都听不懂。我知道他们在讲去国外旅行，在讲一个假期要去哪儿玩，但我觉得他们讲的这些挺没意思的，我也加入不了他们，我想讲的是我的家庭、我的孩子，还有我们家从意大利来法国的故事，但他们讲的都是些什么游轮、飞机和旅行目的地，所以我就一直跟我的孩子们待在一起，我们一起自拍打发时间。

毕业典礼结束后，托尼被一个记者拉住做采访，他还想再待一会儿，却不能再在会场浪费时间了，因为他们一家还得坐火车回到远在伊泽尔省的老家。"我在会场听到好多毕业生的家长都说毕业典礼结束后要全家去餐馆庆祝，而托尼只能回家吃我煮的'粗茶淡饭'。"米希亚姆自嘲地对我说。

托尼　回家的路上，我妈问我："托尼，你觉得我有必要来参加这种毕业典礼吗？"这句话……我并不期待得到她的肯定，一点也不，但是我从没想过会听到她说出这样的话。

米希亚姆 在毕业典礼上，我一点也没感到骄傲，我反而感到挺不自在的，我总觉得自己这样的人不属于这里，而且我跟那些家长又不是一类人，我还费什么劲去和他们搭话呢？虽然托尼跟他们拿了一样的文凭，但是没有办法融入他们的圈子里，那这个文凭还有意思吗？我感到托尼在生气。没错，我说了句蠢话，然后他就不高兴了。但是谁让我是他妈呢？家里所有人都得听我的，我又说："知道吗？你拿了这个文凭不算什么，哪天你凭本事让我刮目相看的时候，我俩再聊。"

托尼彻底生气了，母子之间的关系降到了冰点。米希亚姆希望在托尼面前立住家长的权威和尊严，所以她故意和托尼保持了一定距离，这是母子间的一场拉锯战。

我爸妈对我刮目相看过吗？我也想知道这一点。

在为本书做的调查快收尾时，我隔着电脑屏幕向爸妈提出了这个问题，等来的只是沉默。良久之后，妈妈突然透过屏幕朝我大笑起来，她说："你的问题让我们不知道该怎么回答。"我知道妈妈喜欢借大笑掩饰她的某种情绪。我给了他俩一点提示："我巴黎高师的学位证书呢，你们不为此骄傲吗？"他们愣了愣，说道："你毕业了我们当然很高兴。"

在导演朗·霍华德拍摄的电影《乡下人的悲歌》里，男主角考上了耶鲁大学，完成了阶层的跨越。但为了照顾家人，他不得不往返于耶鲁和他那贫穷的家庭之间。扮演奶奶的演员格伦·克洛斯在电影里对男主强调道："家庭是我们唯一重要的东西。"听到这句台词后，我的男朋友约翰尼立刻反驳道："扯淡！在中产阶级眼里（他是英国人，我们俩经常为了中产阶级的定义争执不休），家庭从来不是唯一重要的东西，金钱很重要，精神生活也很重要……"约翰尼激动地抢过遥控器按下了暂停键。他突然间这么大的反应让我很惊讶，因为对我来说，这句话就是真理，我从来没质疑过它的合理性。

我的家人们不会因为我拿了个什么文凭就觉得我有多了不起，彼此间的联系和关爱对我们来说才是最重要的。2018年12月，外公去世了。我的表弟米凯尔就主动去外婆家陪了她好几晚。后来，我俩的母亲和几个姨妈们接了表弟的班，接连去照顾外婆。虽然失去了外公，但外婆在家人的陪伴下并不孤独。惭愧的是那段时间我在巴黎，没有回去。其实，巴黎也是我唯一能够带给外婆的东西。2010年，妈妈和我成功地把外婆带上了火车，到巴黎玩了一圈。她年轻时候就总想去巴黎，但是由于种种原因一直都没能成行，所以这也是她第一次去巴黎。到巴黎后，我们三人挤在我那间只有12平方米的学生宿舍里。外婆睡在我的小床上，妈妈睡在一张充气床垫上，我睡在门口的一张地毯上。短短四天里，我们带她参观了凡尔赛宫、埃菲尔铁塔、巴黎圣母院、圣心大教堂、卢浮宫和我读书的巴黎高等师范学院。这四天是无可取代的，就像我的表弟米凯尔陪伴外婆的那段时光，也是不可能用金钱来衡量的。

阿里·赫贝里的妈妈赫迪嘉目送着孩子们一个接一个地离开家去巴黎打拼。

赫迪嘉　第一个离开家去巴黎的是索尼娅，在她的影响下，孩子们才都想去巴黎的。但我一点儿也不想孩子们离开我，这太难了！对于一个妈妈来说，这太难了。

“索尼娅是我家的明星。”阿里钦佩地回忆起姐姐来。索尼娅既能编舞，又能跳舞，她签约了公司，经常去电视台伴舞。阿里的家人们都爱守在电视机前，在节目中搜寻她的身影。赫迪嘉有时还会把她在90年代拍的一些短片拿出来播放。“我的妈妈是孩子们的头号粉丝。”阿里用一种感激的口吻对我说。比起我采访过的其他父母，赫迪嘉的心态是最淡定的，她从来不会因为孩子经常接触到名人而大惊小怪。

阿里想过去巴黎闯闯吗？在图卢兹读书时阿里萌生了做少年法官的念头，这个决定也得到了母亲的支持，虽然她曾经想让阿里做医生。（“我和很多父母一样，都有让子女当医生的执念。”赫迪嘉自嘲道。）阿里自考了一个社会教育培训证书，每个暑期都会去图卢兹开设的夏令营工作。除此之外，他每周星期三和有法定节假日的时候都会做与孩子有关的工作，就这样持续了七八年。阿里很喜欢他的这些工作，他说："这份工作能让我认识很多人。"

在大学的法学院里，阿里第一次感觉到自己与周围的人不在一个频道上。"我的很多同学都来自资产阶级家庭，在学校里，我感受到了所谓的社会阶层之间的鸿沟和作为移民后代的压力。虽然我同学的父母大都是法官、律师或者教授，但是我却能毫不怯懦地告诉他们我妈是一所小学里的清洁工，而且我也从未因此感到羞耻。在我看来，这并不是一份丢人的职业。"阿里发现在大学里自己有两类截然不同的伙伴，一类是从外地来图卢兹上学的，他们会很热情地邀请阿里一起共度节日。另一类来自社会阶层比较高的家庭，他们从没邀请过阿里去他们家里玩。"确实存在一道看不见的界线。比如在某些聚会上，如果没有良好的出身的话，你可以微妙地感觉到别人对你的态度的转变……"

虽然阿里的妈妈赫迪嘉从未遭受过种族歧视，但她一直认为，家人会因阿尔及利亚的移民背景遭受不公正的对待。她委婉地说："当你的名字叫阿里时，人生就不会那么简单了。"赫迪嘉年轻时向图卢兹市政府申请了一笔资助，用来建立一个叫作"舞蹈地平线"的社团。受到女儿索尼娅的启发，她希望通过社团让家附近的年轻人燃起对跳舞的热情，同时也对他们的学业进行一定的资助。在社团成立后的十年里，她都一直担任主席。

某天，阿里决定放弃法律，他对妈妈说自己想去巴黎政治学院上学。

赫迪嘉 我对阿里说:“为什么你要去读巴黎政治学院!? 我完全不知道这个学校! [笑] 你今后想搞政治?”我不知道他读了这个学校今后能做什么。但是后来儿子给我讲了很多关于巴黎政治学院的东西……

得益于当时的政策，阿里服完兵役后得到了参加新闻学院的入学考试的机会。

于是他顺利地考入了位于巴黎的法国新闻实践学院，一所主攻新闻专业的专科性大学，并在那里完成了学业。阿里说:“其实以前我并不认识任何在新闻行业工作的人，也没做过此类的实习，我只是对广播电台和报纸期刊比较感兴趣而已，所以才申请了这所学校。”

阶级跨越者如何通过对某种东西的激情逃离他们的原有阶层? 在写书前，我就对自己说，一定要避免阶级跨越者的父母用“讲故事”（storytelling）的叙述方式把儿女的成长经历重新演绎一遍，以此来解释为什么儿女达到了现在的成就。“讲故事”的叙述方式可谓是一种很微妙的艺术。这种方式，可以让听者感觉成功不是天上掉下来的，而是遵守了某种隐秘的命运规则，所有的一切都是讲述者通过自己的努力取得的。我们很容易就能从一些明星的身上看到这样的故事，他们一般都出身低微，突然之间功成名就，比如艾迪特·皮雅芙和麦当娜。当然我们也可以在政治人物和百万富翁的传记里找到这样的励志故事。无论是阶层跨越者还是财富继承者，这些成功人士都喜欢把他们的成就和善良挂在嘴边，鼓吹早年在人生道路上遇到的坎坷。几乎所有的阶层跨越者都会这样夸夸其谈地讲述自己的成功史，其夸张程度取决于他们社会地位的高低。其实本书中的人物也都无一例外地这样做过。虽然在采访中，有一些母亲比其他人更加真诚，但没有父母能避免被各路媒体轮番上演的成功励志故事洗脑，他们都坚定地认为自己孩子的成功就是一个精彩的传奇故事。我终于明白了一个事实：当别人觉得你获得了成功时，你就开始编织自己的传奇故事了。

如果有人想把劳拉的故事搬上银幕，那一定会被她在剧院当学徒时的经历吓到。安吉丽塔第一次在太阳剧团看女儿演出的时候就遇上了剧院的老板阿里亚娜·姆努什金。如往常一样，姆努什金当时正站在剧院门口迎接观众。她握了握安吉丽塔的手，对她说："你看到了，这就是你女儿吃苦的地方。"

安吉丽塔［爆发出一阵笑声］ 还好吧，有的是比剧团更吃苦的地方呢。虽然我早就听别人提起过这位阿里亚娜·姆努什金女士了，在好奇心的驱使下，我回家后还是上网搜了一下她。有几次当劳拉出门去剧场时我就问她："你每天在那儿都干些什么呀?"她说："我在那儿煲汤呢。"听完她的话，我心里打鼓，这姑娘到底在那里做些什么呀？但是那天当我看到劳拉在太阳剧团表演的时候，我才发现那里太适合她了，她真的找到了自己喜欢的工作。热情的劳拉简直就是太阳剧团的小吉祥物，她吃苦能干，很受欢迎，剧团里的人也乐于教她，她那几年确实学到了许多东西。对我来说，劳拉去剧团工作也改变了我一成不变的生活，我这个人思想也比较开放，特喜欢听她给我讲剧团的故事！

我对安吉丽塔说："我知道你经常参加慈善组织帮助移民，我也知道阿里亚娜·姆努什金本人就是移民后代，她的太阳剧团也经常上演一些关于移民的戏剧。所以，你们俩之间在本质上其实是有一些共通之处的。"听完我的话后，安吉丽塔脸上的笑容愈发灿烂了。

高中毕业后，劳拉收到了两份录取通知书。一份来自巴黎第三大学（新索邦大学）的戏剧学专业，另一份则来自位于巴黎14区的一所戏剧学院。上学期间，她还在建材企业乐华梅兰做柜台收银员。为了打工，她牺牲了很多上课的时间。大学期间，她还谈了一场轰轰烈烈的恋爱，男方是一位研究17世纪法国文学的教授。只有高中学历的劳拉笑着回忆道："跟他在一起时我感觉自己讲的法语是那么土气，我都快不会好好讲话了。"劳拉是本书中学历最低的人，却是最早找到自己职业定位的人。19岁时她就在大学生电影节上崭露头角，出演了自己的第一场话剧《黑鸟》（*Blackbird*，由法国女导演扎布·布雷特曼［Zabou Bretman］翻译并改编为法语版话剧）。在比赛的五个奖项中，劳拉斩获了三个奖项。

在我的调查对象中，劳拉是学业最差的一位，却是唯一的艺术家。但无论如何，至少她上了几年大学，也经常去戏剧学院上课。我还不能确定那些成功的音乐人、艺术家和喜剧演员是否属于阶层跨越者。如果一个人出身于贫穷的阶层，但是依托自身在服装、说唱或者喜剧方面的才能，这个人在18岁时就找到了适合自己的职业，因此不用继续接受高等教育，那么他属于阶层跨越者的一员吗？再比如一名出身贫寒，年纪轻轻就成为百万富翁的足球运动员或者模特，我们会把他们划归为阶层跨越者吗？更加极端的例子，你能说一个中了彩票大奖的人是阶层跨越者吗？当然，在经济方面是没什么疑问的，运动员、模特或者是中了彩票的人都彻底改变了自己的社会阶层。对于艺术家来说，他们会变得富裕，或仍然过着贫穷的生活；但他们的交往对象、生活方式和兴趣都与原先的社会阶层有了翻天覆地的改变。因此，我们可以从艺术工作者的身上感受到文化和教育的力量。在社会阶层流动僵化的法国，教育这条跨越社会阶层的途径就显得尤为重要。

除了以上几个比较极端的例子，我们同样能在社会的各个领域中找到阶层跨越者的身影。我之所以选择身边的同学和朋友作为本书的例子，是因为我很喜欢听他们的成长经历，也能从中找到自己的影子。但是我的调查对象并不涉及在法国上市公司工作的人，更讽刺的是，连科学界、金融界、广告界和工业界的人都不涉及。记得有一次，我在巴黎一个著名的共享办公空间参加了由《世界报》组织的一次研讨会，讨论关于未来城市的想法。多亏参加了这次研讨会，我才知道出身和阶层跨越对于以上行业的人来说是一个禁忌话题。当我对这个共享办公空间的经理说起这个话题时，他突然涨红了脸，小声对我说，其实他家境贫寒，但从未把这个秘密告诉过任何人。然而对于媒体人和艺术界的人来说，他们不觉得谈论这个话题有何尴尬之处，甚至有人乐于谈论这个话题；而且他们在演讲时经常引用自己早年的贫困经历（虽然很多情节被删减了）。当然，对早年经历有意或无意的艺术加工是必不可少的，我也不例外。如果直白地说自己努力的目的就是找到一份挣钱多的工作，对于听众来说就太没意思了。在前几篇我已经说过，阶层跨越者的父母并不太关心子女的工作是否体面，他们是否能好好生活下去才是最重要的。当子女们在月底发现口袋空空，生活困难时，才猛然发现父母们的话是那么有道理。

奥蕾莉·瓦洛涅在本书中是一个有趣的特例，她高中毕业后读了很多年书，之后又当了作家。她在上塞纳省索镇公立高中读预科班的那段时间过得并不开心。为了挣钱，读预科班时她每个周三和周六都会去给小孩子们上韵律体操课。为了省钱，她也没有搬出去住，而是跟妈妈住在一起。后来她被兰斯商学院录取了。每年的学费高达6 500欧元，第一年的学费是妈妈科琳娜垫付的，她说："这是一个可怕的数字，幸好我是一个节俭的人，攒下的钱还够给她付学费。"正因为兰斯商学院有半工半读制度，所以奥蕾莉·瓦洛涅才选择在这里上学，为的是每个月都能领到一笔固定的工资，才能慢慢还清妈妈之前垫付的和之后需要的学费。同届学生中，只有奥蕾莉·瓦洛涅一人选择住在大学城的公共宿舍，她的房间只有9平方米，而且又脏又破。然而，她却很喜欢自己的房间，因为她第一次享受到独居的快乐，当然也是最后一次。

科琳娜　她那间宿舍简直太可怕了！太可怕了！又脏又破，看起来就很吓人！怪不得其他同学的父母都给他们在学校附近租公寓住……好吧，当知道她要离开家去兰斯读书时我确实很受打击，我想不通她为什么要去兰斯上学。其实我俩平常交流就挺费劲儿，互相看不顺眼，我知道她一直都想离开家出去看看外面的世界。可能对她来说，离开家就像……唉。[她模仿出如释重负后长叹一口气的样子。]

奥蕾莉·瓦洛涅把兰斯形容为"一座小资产阶级的城市"，她很喜欢自己在兰斯开启的新生活，却对她的新同学喜欢不起来。奥蕾莉·瓦洛涅对奢侈品和美容业很感兴趣，所以她申请了去欧莱雅实习。

奥蕾莉·瓦洛涅　可能我的外表比较吸引他们吧，大学里无论男女都很喜欢我。但当他们发现我在马西长大，靠奖学金生活，衣服只买得起Jennyfer的，没有一件是Comptoir des Cotonniers时，他们就突然换上了一副臭脸，找个借口匆匆离开了，从此一整年都不再理我。

奥蕾莉·瓦洛涅在兰斯念商学院时遇到了自己的白马王子，但她的经济学老师却说他俩并不合适。白马王子来自上层社会家庭，两人有天壤之别。比如出去度假，奥蕾莉·瓦洛涅一家没钱住酒店，都是搭帐篷露营，而白马王子一家出去玩都是住在自家在各地的度假别墅里，他从小到大都没去露营过。奥蕾莉·瓦洛涅的妈妈从她成年后就一直问她什么时候会生小孩，她妈妈对我直白地说："是的，我确实这样问过她，因为我太喜欢小孩了，我想让她早点结婚生孩子。好吧，她上大学后我就知道她不可能早早结婚生子了。"

奥蕾莉·瓦洛涅　我妈一直在我旁边唠叨："你快赶不上趟了，快生孩子吧！"她就这样喋喋不休地说这样的话。但我有别的计划，我从没想过毕业后留在兰斯，更不会回到马西。

学校给我们颁发最高学位证书，就意味着我们拿到了进入上层社会的入场券，但这真的有用吗？

我的最高学位是新闻记者培训中心[1]颁发的广播专业学位。一年半前，我打消了参加教师资格考试的主意，因为我担心自己会失败，因为那时我忙着实习完全没有时间准备考试。爸妈说他们很欢迎我回到丰丹尼尔工作。即便我不愿意回老家的话，他们也会在经济上接济我。我的毕业论文也是糟糕得一塌糊涂：我研究生毕业论文的选题是论女歌手米莲·法莫歌词中的文学元素。我感觉自己写得很糟，拿到博士奖学金的机会十分渺茫。得益于巴黎高师与新闻记者培训中心的协议，我可以申请转到新闻记者培训中心学习，因此我把它作为了我的后手，后来我也如愿考上了这所学校。开学后我发现，自己在班上总是拖后腿，和同学们的差距很大，但是我总算找到了自己感兴趣的职业——新闻记者。记得在初三时，老师华耶夫人就让我们在作文里写下将来想从事的职业，而我当时写的就是记者。说到这里，我发现自己又陷入了“讲故事”的叙述方式。既然如此，那就让我继续讲下去吧。

---

① 新闻记者培训中心（CFJ）是一所进行新闻教育的法国私立学校，地处于法国巴黎。该校是大学校协会的成员之一。——译注

第五章

日子变好了

新冠肺炎在全球的肆虐打破了人们对各个行业重要性的固有认知。从2020年3月开始一直到5月结束，只有那些工资最低、学历最低的从业者还在坚守岗位，维持着人们生活的正常运转。本书中的父母们有的是护工，有的是公交车司机，他们都是与病毒近距离接触的一线工作人员，但他们因此涨过一分钱的工资吗？

我的爸爸妈妈早就说过，他们并不会因为我能进入名校学习就感到特别激动。这的确是他们内心的真实想法，并没有装模作样。在他们看来，踏踏实实地干好工作，过好自己的小日子，处好邻里关系才是人生正道。与之相比，所谓的文凭或者职位在他们心中根本算不得什么。他们看重的是人本身，而不是人从事的工作。我不太清楚上流社会或者中产阶级社会是否也会使用相同的逻辑来看待一个人。其实也不需要我花功夫去调查论证，结论就很清楚了：他们对人的看法完全与我父母相反。

作家爱德华·路易在谈到关于作家这一职业时说："不知怎的，写作时我的心中会产生巨大的羞耻感。每天早上我都会按时起床去办公室写作，站在办公室门口时我会想，为什么我非要写作，除了写作我就没有其他事可做了吗？我可以去参加游行抗议，可以去帮助来法国逃亡的难民，还可以加入反对'恐同者'的组织……我并不反对写作，写作是一件好事，写作能改变世界。我想说的是我们应该学会与这种羞耻感相处，不应该为这种羞耻感所困。另一方面，羞耻感是一个好东西，当我看到有些人在写作时毫无羞耻感时，我会觉得他们很可怕，我无法理解他们是如何自信满满地下笔的。"以上是作家爱德华·路易接受《解放报》采访时说的话。他以自己为例，描述了毕业于大学校的阶层跨越者们进入社会后内心的冲突，无论他们从事何种职业，这种冲突和矛盾感都会存在。阶层跨越者拥有的高等学历或多或少地给予了他们进出上流社会的机会，这种阶层的陡然切换也加剧了他们内心的冲突和矛盾感。以我自己为例，在疫情开始之初，我回到了老家，想把写书的念头好好理一理。但不知怎么的，在家人的目光中我也无端生出一丝羞耻感来。因为家人都觉得我在家里总是游手好闲，无所事事。作为家人眼中的正面教材，我的表弟米凯尔当时正在一家医疗器械制造厂卖力地上班，组装注射器。阶层跨越者们的自我怀疑永不停歇，或许正好解释了为什么他们的职业生涯不是一条平坦的直线。生命不息，折腾不止。

随着孩子们的渐行渐远，父母们也开始渐渐变老，光荣退休的日子离他们越来越近。有的人迫不及待地想要退休，却也有些人害怕退休。

无论是童年时期、青年时期还是上大学以后，“神童们”都牢牢地掌控着自己人生中的每一项选择，他们的父母很难参与其中。“神童们”长大后有了与父母截然不同的生活模式。反之，父母也过不惯他们如今的生活。我曾自视甚高，竭力向父母解释法国国内广播电台正在筹备的一档节目，事无巨细地告诉他们那些我自认为重要的工作细节。我带他们参加各种活动，到处旅行，给他们规划以后的生活，带他们接触他们年轻时不曾幻想过的东西。我之所以能这样回馈父母，并不是因为我的是年轻人，想法和生活习惯都比父母要新得多，而是托了社会阶层飞跃的福。

对于大多数父母来说，他们在熬到孩子们工作后才体验到不再为金钱烦恼的幸福，因为孩子们很快赚到了比父母更高的工资，其中读商学院的孩子从第一份实习起就开始挣钱了。挣到钱后，绝大多数孩子都希望用金钱回报父母。“为了让孩子过上好日子，父母都曾竭尽全力地帮助过他们。所以孩子们在事业有成后也不会忘了反哺父母。”哲学家尚塔尔·雅盖在《世界报》的一篇文章中如是说。但是完成了社会阶层跨越的孩子们真的能好好报答父母吗？我对此表示深深的怀疑。

“拿到第一笔工资时，我简直骄傲极了。”大卫·贝利亚对我说道，当时他在月刊《经济新解》担任记者。他说自己之所以选择在这家左派期刊工作，是因为自己很赞同它的价值观。后来在24岁时他成为了一家公司的财务官，之后又到艾滋病慈善组织“Sidaction”做了副总管。

大卫工作后带父母飞到了阿姆斯特丹度假，这也是大卫的父母第一次坐飞机。他们住在大卫一个富豪朋友在阿姆斯特丹的别墅里。除了阿姆斯特丹，这位朋友在好多地方都拥有别墅，比如在沃克吕兹和在马赛的海湾……“度假太好了，让我觉得生活没那么悲惨。”马尔蒂娜说笑道，“我曾经处过一个对象，他是一个理疗师，也是一名彻头彻尾的消费主义者，购物时当然快乐啦，但消费过后留下的更多是悲伤和无奈。寅吃卯粮的日子真的没有安全感，为此我们分分合合了不知多少次。我不是唯利是图的人，别人的钱我不感兴趣，我也不想变成富翁，但是我不想把自己置于缺钱的境地，因为没有钱是万万不能的。”

大卫的父母曾欠下了一笔债务，大卫主动陪他们去和债主见面。大卫回忆道：“我发现债主和我父母说话时口中满是不屑，居高临下的嘴脸让我很反感，后来还指点起了我爸妈的做人之道，不是说他说得不对，而是我无法忍受从一个债主口中听到这样的教训。”年仅30岁的大卫没说什么，他只是将一张支票拍在桌上就结束了父母这段多年来充满争议的债务关系。

大卫首先加入了法国绿党，成为了党内的积极分子，随后一路晋升至绿党在巴黎议会的主席。他并不是一个长袖善舞、左右逢源的人。当他表现出对2018年世界杯漠不关心时，很多人指责他是一个矫情的巴黎人。他拒绝接受这种带有阶级对立情绪的指责，他对我说："我一点儿都不在乎他们说的话，你知道为什么这些人聚集在巴黎街头的大屏幕前观看球赛吗？要知道这些屏幕可价值不菲，拿法国最低工资的人要工作三个月才能买得起。因为足球成了一种时髦的文化，成了小资产阶级的象征。我之所以对足球提不起兴趣，是因为我小时候没人愿意带我一起踢球，他们都觉得我像个小女生，不配跟他们一起玩。"其实那些指责大卫装高冷的人都很清楚大卫并非来自富裕家庭。大卫补充道："几乎所有左派政党的成员都觉得自己是社会阶层跨越者，可事实并非如此。绿党却与众不同，我们党员的社会背景都是高度一致的，大都是寒门子弟。与大多数政治人物相比，我们绿党有自己的一套行事方式，这就是我要与这些质疑我的人保持距离的原因。我与他们最大的不同之处是我一直在躬身自省，而他们一直刚愎自用。"

玛尔蒂娜女士选择坚定地与在政坛中沉浮的儿子站在同一条战线上，大卫也知道母亲在默默地支持着他。玛尔蒂娜对我说："有其母必有其子，我做事也习惯全力以赴。就像掉进了魔法药水大锅后突然拥有了神力的高卢英雄奥贝利克斯，我也成为了坚定的左派支持者。"

2019年6月，就在我与玛尔蒂娜见面的两个月前，大卫作为绿党候选人参加了巴黎市长的选举。为了见证选票揭晓的时刻，玛尔蒂娜动身从老家来到巴黎，在她另一个儿子马修的家里安顿了下来。玛尔蒂娜回忆道："那天早上我们一打开电视就看到整个屏幕上都是大卫。[说到此处，她满脸都是感动]天呐！我们都不敢相信眼前的这一幕，你能体会我们的心情吗？我们全家都很激动，那种疯狂的感觉像做梦一样。"投票那晚，玛尔蒂娜坐在容纳600人的投票大厅的中央。她继续回忆那时的感受："我能感受到那种该死的压迫感，空气中那种紧张的味道！"

玛尔蒂娜 投票结果即将揭晓的时候，在场的所有人都疯狂了，我们都站了起来，做起了一波接一波的人浪[她模拟出人浪传递的样子，嘴里喊着"大卫！大卫！"]。我对自己说："天啊，我儿子可真给我争气啊！"事实上，我从来都只希望孩子们能够自力更生地过上好日子，有钱去度假。这样我作为母亲的任务就完成了。比如说你就达到了我说的这个目标。但是大卫他已经超越了我的希望，我已经没法跟上他的步伐了[笑]。这样的局面已经不是我能掌控的了。大卫成了媒体聚光灯追逐的焦点，无数电台和电视台邀请他参加访谈节目。见到我的人都会问："这是你儿子吗？"我很高兴，但是这样轻易就被人认出来让我感到很紧张。

我向玛尔蒂娜抛出一个问题："如果你儿子真的成为了巴黎市长，你将有何感想？"

玛尔蒂娜 天呐！这可怎么说呢？我对身旁的朋友开玩笑地

说："2019年3月20日（也就是第二轮市长选举的那天）我将出现在巴黎市政厅，希望那天的香槟酒足够爽口。"［她突然爆发出大笑，但马上又严肃起来，一脸担心的样子。］说实话，我也不太清楚，我也无法预测结果。但是无论如何，我们将在巴黎市政厅度过那个令人期待的夜晚。［她又开始了疯狂的大笑。］

"那天我被长枪短炮般的镜头围得严严实实，"大卫说，"现场很混乱，我的团队在一起抱头痛哭，我妈应该被这阵仗吓到了。更别说现在有六百多个人山呼海啸般地喊着我的姓，也是我妈的夫姓，她从未见过这种场面。"

自从2016年我担任*Têtu*杂志的主编以来（这本杂志在2015年迎来了所有权的司法清算，新的资方只愿意给予杂志很少的资助，所以杂志成立了一支由年轻人组成的编辑团队，我当时拿的工资也不高），我的名字便开始出现在各路媒体中，我也受邀上过几次电视。人们在搜索引擎里搜索我的名字，会看到我的新闻和词条。可笑的是，以前搜索我的名字时只会跳出鳕鱼的图片，因为我的姓有鳕鱼的意思。有趣的是，搜索我的名字时居然还能跳出我表弟罗朗在丰丹尼尔经营的有机蔬菜农场。

我爸表明了他的态度：这样挺好的，毕竟这是我们家族的姓。我的职业也挺让我困扰的，我老觉得别人只要一听说我在*Têtu*杂志任职，就能看穿我的性取向。我经常因为性取向被骚扰，每当发生这种事时，我妈都会很担心。在她的想象中，我成天顶着*Têtu*杂志总编的头衔在大街上招摇过市，这样太危险了。

帕斯卡利娜·博奈告诉我，其实在她第一次到法国文化电台实习之前，她从没有听过这个电台，虽然这个大名鼎鼎的电台一直让她心生向往，但是她一次都没听过，然而她也不可能跟同事们坦白这个事实，因为在那个环境里似乎每个人都是从婴儿时期就听着法国文化电台的节目长大的。帕斯卡利娜·博奈如今在名为《Plan large》的一档电台节目组工作。这是一档关于电影的栏目，正好与她的研究生专业相符。通过努力，她终于签下了无限期劳动合同[①],成为了这档节目的制作人[②]。其实之前她已经在法国文化电台工作七年了，但一直签的是固定期限劳动合同[③]，而且工作压力巨大，每次做完节目后她都不想再回来上班了。

帕斯卡利娜不再尝试让父母对她从事的工作感兴趣，因为这种尝试往往以失败告终。她已经学会带父母做些他们感兴趣的事，比如带他们参加戛纳电影节。帕斯卡利娜的妈妈玛丽-克莱尔女士

---

① 无限期劳动合同（CDI，法语全称为“Le contrat de travail à durée indéterminée”）。是雇主与雇员之间签订的一种长期劳动合同，合同中没有约定双方终止雇佣关系的日期，若雇主想解雇雇员，将面临复杂的解雇手续，签订这个合同的雇员几乎很难被裁掉或者开除。——译注

② 节目制作人，attachée de production，该职务负责保障和落实电台广播节目顺利开播所需的一切东西，比如邀请嘉宾，与嘉宾沟通确认录制日期等。这也是我在法国国内广播电台工作时的职务。

③ 固定期限劳动合同（CDD，法语全称为“Le contrat de travail à durée déterminée”）。合同中约定了双方终止雇佣关系的日期。——译注

笑着说："她出息了，带我们去过戛纳电影节和多维尔电影节。她给我发过一段她家的视频，随着镜头的移动，我看到了梳妆台上堆满了化妆品……这些都是用实打实的钱堆出来的啊！这也从另一个侧面证明她比我们过得更好了。帕斯卡利娜工作起来的确很拼命，工资比我高多了，不过这也不奇怪，怎么说她也是一个研究生啊！但是当她得知电台里干得比她少的人每月还能拿3 000或4 000欧元时，她可生气了！我和她爸已经习惯了过苦日子，我今年59岁，每个月只有1 700欧元的工资。"为了向父母证明自己不会忘了本，帕斯卡利娜向他们讲了许多职场黑暗面的故事。

帕斯卡利娜　实际上，我的工作并没有表面上看起来那么光鲜亮丽。我妈听完就问我："那你为什么还选择这个工作呢？"这好像是一种恶性循环，我忍受着各种糟糕的情绪，却不得不干下去。我不敢对他们说："你们知道吗？你们的女儿每天上班都会遭受到来自别人的恶言恶语。"这些人觉得他们有权利这样对我说话，似乎我这个穷人家的孩子能得到这个工作岗位就是一份天大的幸福了，所以我应该默默忍受，不能回嘴。我在职场里感受到最不能承受的东西就是这些人滥用自己那点儿资历和权力，把别人踩在脚下，可惜从小父母就没有教过我遇到这种情况时该怎么应对。如果换作我妈，她是绝对不会继续干下去的，因为她会觉得这就是跟自己过不去，干吗自讨苦吃呢？对于我爸妈来说，做人最重要的就是开心，就是如此简单粗暴。如果我跟他们讲工作上的烦心事，他们会觉得是我自找的，谁让我没遵循他们的这条人生准则呢？然而对于我来说，快乐就是做一份自己发自内心喜欢的工作。其实很多人都是真正喜欢他们的工作的，比如我爸爸。

玛丽-克莱尔 帕斯卡利娜现在和我是两个世界的人，她在经历些什么我一无所知。比如广播电台里的人们是怎么工作的？那些内情我们外行是不可能知道的。她的同事都是些能说会道的人，但她不是这种性格。作为母亲，我希望她能在工作中大放异彩，出身平民阶层不应该是一个耻辱的烙印。阿德里安，你是她的朋友，你应该知道帕斯卡利娜这个孩子就是个实心眼，做什么事都踏踏实实的，没那么多花花肠子，当她不高兴的时候，她脸上是藏不住的，她从来不会装模作样。[我对此表示深深的赞同，当与玛丽—克莱尔的眼神交汇时，我们都充满默契地大笑了起来。] 无论如何，只要她还保持着这种性子，就还是原来那个她，没有变成另一个人。我喜欢聪明的人，但是我和伯纳德都不喜欢那些以此洋洋自得的人。特别是那些喜欢彰显自己和别人不属于同一个阶层的人，他们让我厌恶至极，我天生就与这种人合不来。我想你应该知道，我们家的人都很朴实，这一点帕斯卡利娜也特别随我。

像玛丽-克莱尔和伯纳德一家一样，那些自视甚高、自吹自擂的人也是我们家的头号公敌。只要逮到机会，家里人就会特别来劲儿地批判他们。妹妹索莱娜和我从小就被灌输了这样的思想：

那些喜欢标榜自己的人、自视甚高的人、夸夸其谈的人、自吹自擂的人、目中无人的人和那些喜欢炫富的人都不配得到我们的尊重。我狡黠地观察着这类被我们家族排斥在正常人类范围之外的人，他们成为了家人们模仿逗乐的灵感之源，他们是家人们不敢承认的欲望，是我们大肆批判的反面教材。

相反，父母从小就告诉我们谦虚谨慎和友善热情才是人类最重要的美德。但是如果谁真的这样照做的话，那么他在媒体界的从业之路必将充满艰辛：为了在工作中有一席之地，我们必须摒弃谦虚谨慎，必须努力地表现自我。还有别的选择吗？我想在职场中出人头地，我想成为别人赞赏的对象，为了达到这个目的，我有时还会使用一些卑鄙手段。然而，从小被灌输的做人之道无时无刻不提醒我自己的所作所为是不对的，这让我感到矛盾与挣扎。友善与热情早已不是当下媒体人看得上眼的做派了。无论是面对同行时，还是在面对采访对象时，媒体人总得端着点儿架子，装出高冷的样子。无论受访者是政客、艺术家、学者还是商界领袖，记者们都不能表现得过于热情，不然就是有失专业，感觉像要上赶子巴结人家似的。现在的记者大都喜欢用“冒犯式”的、咄咄逼人的采访风格，在他们眼里，只有天真的傻子才会信奉谦虚谨慎和友善热情这种美德。反之，那些直率的、好斗的、顽固的和有着厚脸皮的人才吃香。总而言之，媒体圈的宠儿都是些放飞自我、个性张扬的人。懂得营销和展示自己的人不在少数，有些还是知名人士，其中有些人往往喜欢从人格上侮辱别人，甚至性骚扰别人。为了达到目的，他们可以不择手段，置他人于不顾。这些事在公司管理层中或者艺术行业中早已屡见不鲜。

在我父母眼中，记者就是一群自以为是的人。我想他们说得没错，一个人小有名气后，自然而然地就开始自我膨胀了。除此之外，作为一名记者，我们要敢于向别人强行索求一些东西，比如联系方式和私人信息。“敢于”这个词适用于多种场合。比如，《世界报》组织的一次关于升学志愿选择的研讨会就使用了这个词作为主题。别忘了，在大多数职场里，都是那些敢于表现和会来事儿的人笑到了最后（据我所知，他们的父母大都接受过高等教育）。我的爸妈就比较胆小，不太敢要求别人。我们去餐馆吃饭时，会遇到服务生忘记给我们桌倒水的情况，但对于我爸妈来说，大声呼唤服务员把水端来就已经让他们感到万分紧张了。我被父母的这种小心谨慎激怒了，我要改改他们的这个毛病，所以我高高地挥动手臂，截住了经过的服务员，开始吐槽为什么我们这桌没有水。我就是要让爸妈知道，敢于说出自己的要求并不会死。我要告诉他们，做人不用太“低调”（“低调”是我爸最喜欢说的一个词），敢于提出自己的要求并不是自大的表现。然后我就听到爸妈不停地说：“阿德里安，你也太咄咄逼人了！”岂有此理，我做错了什么？我只是呼唤服务员把水拿过来，而且当时我还说了“请”和“对不起”这样的礼貌用语。所以，我刚刚的行为并没有赢得爸妈的认同，我无法改变他们。作为子女我们要时刻小心：千万不能越过这条红线，否则就会被父母唾弃，甚至遭到家族成员的排挤。

和我一样，本书中的许多人都认为自己的父母太谨小慎微了。他们这种性格曾经让我很反感，但是我们是否应该换一个角度看待这个问题，给他们多一点尊重呢？

在霍卡雅的家里，自我表现是一件好事，没有人会因此受到责骂和打压，而且她的父母都非常鼓励她表达自己的想法。

霍卡雅　我的家里人都非常自信，这对我确实帮助很大。虽然进入社会后我们总会感觉自己不被看见，是平庸的，但这份自信让我不会轻易地妄自菲薄。我妈一直告诫我不要被别人牵着鼻子走，我当时还不知道她想表达什么。但是我从小就知道，如果别人需要我做什么，我应该大方地回应他们。还记得我妈对我和我弟说过一句比较震撼的话，她说："千万别觉得自己不如人，你们值得拥有这世间所有的美好。"

是的，要像她父母一样，高昂着头行走在人世间，同时也不能忘了做人要脚踏实地，就像我从霍卡雅的妈妈马拉梅嘴里听到的那样，她说："霍卡雅的确不是一个自命不凡的人。我们在这块土地上生来平等，没有谁高人一等，我们首先应该学会的是尊敬和帮助别人。"

从商学院毕业后，很多公司给霍卡雅投来了橄榄枝，但是她都看不上这些唾手可得的工作。她那时从没想过自己有一天能出人头地。当听到女儿说将去索邦大学读媒体市场营销时，马拉梅表示自己完全支持她的决定。回忆起这段历史时，霍卡雅却说妈妈对自己好像也没那么放心。

霍卡雅 我爸妈都是择一事而终一生！但我喜欢换车道，先是学了法律，后来又读了商校，最后改读了个传媒的硕士学位。毕业后，我与迪士尼签订了无限期劳动合同，看到我找到了一份工作，爸妈心里的大石头才终于落地了。迪士尼是一家具有发展前景的大公司，而且他们也比较熟悉。后来我辞职了，花了很多时间尝试不同的行业，想找到自己喜欢的工作……我做过很多实习，也签过一些短工，但爸妈无法理解我的选择。他们觉得我太任性了，让他们没法安心。

马拉梅 当我得知霍卡雅与迪士尼公司签订了无限期劳动合同后，我觉得终于安心了，女儿有了一份好的工作，薪水也不错。但是她是底层员工，头上还有很多领导管着，所以她不太喜欢这份工作。最终她辞职了，也失业了。我们找过职业顾问，职业顾问对霍卡雅说："你是一个不喜欢有老板管着的人。"

用自己多年来攒下的钱和妈妈资助的一笔钱，霍卡雅开了一家属于自己的影视制作公司。28岁那年，霍卡雅和朋友共同成立了一家以反种族歧视——特别是反对媒体界的种族歧视——为宗旨的公益组织。她把组织取名为"Les Indivisibles"（不可分割的人们）。组织每年都会举办年会，大家上台表演节目，通过黑色幽默来讽刺种族歧视问题，笑话说得最好的人将获得年度大奖。马拉梅每年都会参加他们的活动，看着30多岁的女儿自信满满地忙前忙后，她的心里别提多高兴了。

霍卡雅　我妈觉得我们的活动很有趣，她对我说："我以前都不知道你也曾遭受过种族歧视。对我和你爸来说，这已经见怪不怪了，因为我们是移民。但是我没想到你在自己的国家也会被人歧视。"

霍卡雅·迪亚洛第一次上电视是在2008年，那年她参加了一档电视辩论节目，对手是法国极右翼政治人物艾里克·泽穆尔（Éric Zemmour）。回忆起那次经历，她还是有些后怕，她说："那次辩论简直太可怕了！"还好家里人给了她极大的支持。后来霍卡雅受法国Canal+频道的邀请，在一档节目中介绍了自己的公益组织"Les Indivisibles"。在那之后，Canal+频道便邀请她在一档晨间节目中担任编导，这次机缘恰好开启了霍卡雅在电视台漫长的职业生涯。为了做到问心无愧，霍卡雅在工作中火力全开，怒斥种族主义者，甚至达到了她从未想过的成就。比如在2017年，她就受邀以节目编导的身份加盟由西里尔·阿奴娜主持的综艺脱口秀《别碰我的位置》（*Touche pas à mon poste*），担任节目编导。霍卡雅在接受《解放报》的采访时表达了她加入这档节目的初衷：

“我们这档节目的观众大都是底层人民，单独为这个群体打造的节目并不多，因为没有人会考虑到他们的真实需要。但我很尊重他们，他们也愿意对我敞开心扉，因为我小时候就是这个群体的一员。我并不想只为那些《电视艺术》杂志的读者做节目。”

2011年，霍卡雅的父亲伊斯玛埃拉去世了。她父亲生前最喜欢听的电台是法国国际广播电台。妈妈马拉梅是霍卡雅的头号粉丝。霍卡雅说：“当我妈在家附近遇到老乡时，她都会非常自豪地告诉她们我是她女儿！”

马拉梅 别人经常问我：“啊，这是你女儿吗？”就像我生了她是多么了不起的一件事［大笑］。最近我参加了一场婚礼，几乎所有的宾客都来跟我讲我女儿的事。还有一次我要坐飞机回塞内加尔，霍卡雅就送我到机场，她的粉丝甚至把我们围了个水泄不通。我只能不停地提醒她我们要误机了。塞内加尔老家的亲戚也知道霍卡雅出名了，他们在杂志上看到霍卡雅的报道和文章都会剪下来寄给我。所有人都在谈论她，是的，她现在出名了，但是这好像也没什么稀奇的，可随之而来的是一种不安，我随时在祈祷她能平平安安。虽然她有官司缠身，但我并不焦虑，因为我相信上帝会保佑她的，我知道我的女儿有一颗善良的心，她并不坏。即便是在面对敌人时，她也有一颗善良的心，她经常原谅那些伤害过她的人。

霍卡雅 我妈妈最担心的就是某天我突然不再信仰上帝了，

因为我的小伙伴们都不信上帝。对于我妈来说，人一旦没有了精神信仰，就失去了存在的价值和意义。我妈老爱操心我的事，一是非常担心我的财务状况，因为她老觉得只有每月收到一份固定工资才算安稳；二是她很担心我的人身安全，生怕我会遭遇什么不测。我喜欢跟我妈说工作和生活中发生的事，她也会给我些意见，我觉得这挺有意思的。我们很亲近，有讲不完的话，每天我都会跟妈妈和弟弟聊上一会儿。

霍卡雅和她妈妈融洽的关系让我着迷，同时也让我感到困惑。她俩在关于社会阶层这个问题上没有任何分歧，这怎么可能呢？在本书所采访的阶层跨越者中，图艾、奥蕾莉·菲利佩蒂、优素福、阿里和他们的父母并没觉得“阶层跨越者”这个身份以及社会阶层的跃升会给他们带来什么烦恼。除了从祖父母辈就移民来法国的奥蕾莉，这群人都是父母辈移民来到法国的。然而，大卫、米歇尔、吕斯、托尼和奥蕾莉·瓦洛涅的家里就没有那么太平了。面对子女社会阶层的提升，父母们总是感到烦恼和焦虑，家里因此经常纷争不断。看到父母有这样的反应，他们做子女的心里当然也不好过。另外，依据我与帕斯卡利娜、奥利维尔、艾洛蒂、安娜和劳拉和其父母的交流可以得知，虽然他们家没有爆发激烈的争吵，但是冲突确实存在且暗流涌动。在霍卡雅看来，移民后代与父母之间存在着“文化代沟”，这种代沟是没法摆脱的，他们只能想办法与父母和解。而且这种代沟早已存在，从移民子女在法国上学以来就已经出现了。移民子女实现阶层跃升便成了一件顺理成章的事，隐秘得让人不太容易发现，甚至当它发生时人们觉得这是自然而然的事。霍卡雅补充道："父母早已料到某天我们会超越他们，会离他们越来越远。其实他们在心里已经做好了准备。""这是移民者的共识，"图艾说，"我们的父母之所以移民来法国，就是为了让他们的后代有更好的生活，所以即便吃再多苦他们也没有怨言。"我采访了这么多的阶层跃升者，他们的故事都不尽相同，所以我们在讨论一个人时得具体问题具体分析，把各种因素都考虑进去，比如受访者是否是移民的后代？是男是女？性别认同和性取向是否符合主流规范？

在进行了数十次访谈后我发现了一个惊人的事实，那就是他们对父母的态度都很恶劣。在社会上遭受挫折后，他们开始或多或少地憎恨每个人，比如那一扇扇不为他们打开的大门和拖累他们的原生家庭。多年后，面对我的采访，无论是阶层跃升者还是他们的父母，都说这些恨意已在他们的心中留下了难以愈合的伤疤。我很想知道我伤害了父母多少，所以我向他们抛出了这个问题。对于我的问题，他们回答道："没有，我们没觉得被你伤害过。"所以一切都是我的错觉吗？

冉恩·珀玛赫也从未抱怨过儿女半分。她的女儿学习也很努力，在模特经纪公司做过实习，最后也和哥哥一样，在时尚圈找到了工作——所以这对兄妹的关系更亲近了，几乎是形影不离。

还记得那次我去了他们父母位于巴黎郊区克利希镇的家中进行采访。采访时他们的继父就迫不及待地想跟我分享他知道的关于图艾的一切，当然也提到过这对兄妹的关系很好。

难以想象的是，图艾的母亲冉恩女士居然对法国文化圈的新闻了如指掌。她在美容沙龙里做美甲师，为了迎合大客户，她下工夫看完了沙龙里摆放的各类杂志。所以当客人与她聊起当下时兴的展览、电影、书籍和戏剧时，她总能接得上话。“你得知道，我们做美甲起码要花上一小时，为了不冷场，我得一直与客人聊天。”冉恩一脸严肃地对我说，这让我嗅到了一丝黑色幽默的味道。她说她最有钱的客户都来自“法国的老钱贵族”，这群人是最有礼貌、最懂规矩的。最糟糕的客人是那些暴发户。“当我看到这些暴发户惺惺作态时，我在心里偷笑，想着：‘啊，多可怜的人啊，真是没见过世面。’”她继续说，“有些顾客不是真正的有钱人，我能判断出来，因为她们不是固定地每周都来做美甲，但她们仍然有变漂亮的权利，我没有看不起她们，我对待顾客向来一视同仁，无论她们是有钱人还是普通人，都能享受我同样的服务。”

与此同时，图艾在让-保罗·高缇耶公司找到了第一份工作。他本来只是投个简历去试一试运气，没想到居然被录用了。图艾在采访中说：“这太疯狂了，我的大学毕业论文写的就是让-保罗·高缇耶！那时我还和母亲住在一起。当我告诉她我得到了这份工作时，她回答道：‘我一直都知道你会成功的。’然而我们却从未聊过我工作的内容和细节。”

图艾不再害怕将父母介绍给自己的同事了，相反，他尽可能多地邀请他的母亲和继父参加一些与他工作相关的社交活动。

图艾　我不希望他们成天待在家里，而且我在职场中已经有一席之地了，所以我把父母的名字添加到了嘉宾名单里。我没跟同事解释太多，只是说："我父母会来。"但有些情况下他俩还是把我搞得有点蒙！例如今年年初，我邀请他们参加了一场在贾科梅蒂基金会举行的彼得·林德伯格[①]摄影展开幕式，彼得·林德伯格本人也来到了现场。发现继父拿起相机对着彼得·林德伯格不停地拍照，我立马阻止了他，我对他说："少喝点，别出洋相，拍照时相机离人家远一点。"要是我不阻止的话，他们肯定会忍不住大声叫嚷起来："那里！那边有个名人！"[笑]事实上，我真的挺担心他们会出什么洋相。过了一会儿，我对他们说："差不多了，你们快回家吧，这里没什么看头了！"其实每次参加这种活动时他们都会精心打扮一番，虽然不是每次都很得体，但我能感觉到他们已经尽力了。我曾见过我妈穿着一双不合脚的鞋子来参加活动。那双鞋是她很早以前买的，但一直舍不得扔掉。

冉恩女士对那天晚上难以忘怀，因为她在活动上见到了彼得·林德伯格，换句话说，她儿子的老板。顺便提一下，这位老

① 彼得·林德伯格（Peter Lindbergh）是一位伟大的摄影师，于2019年去世。作为彼得·林德伯格基金会的项目经理，图艾曾陪着他在世界各地活动。

板还是摄影界的超级明星。

冉恩　那天晚上我很感动。图艾对我说:“妈妈，我来介绍一下，这位是彼得……”我说:“很高兴认识您，先生。”他对我说:“这对我来说是非常重要的一天。”[冉恩女士的脸亮了起来]这种感觉怎么说呢? 真的触动了我的心。

当我问她是否被林德伯格的气场镇住了时，她争辩道:“我在美容沙龙里早就接触过演艺圈的客户了，我知道怎么与这些名人相处。但是那晚我一直规规矩矩地待在自己的位置上，并没有完全放开。”

奥黛特·菲利佩蒂的女儿奥蕾莉·菲利佩蒂在38岁那年就当上了法国文化部部长。奥黛特坦然自若地参加了女儿的就职仪式，甚至还在仪式结束后接受了法国电视二台的采访。

奥黛特　是女儿坚持让我去的。当然，作为妈妈能见证女儿就职是莫大的荣幸。那天，前文化部部长弗雷德里克·密特朗就热情地对我说:“你真应该为你的女儿感到骄傲。”其实那天我也想起了她的父亲，老头子在九泉之下知道女儿当上了文化部部长一定也会很骄傲吧。确实，从工人小镇一路走到了巴黎瓦鲁尔街，我们女儿真的很厉害! 人们常常把很忙碌的人形容为“忙得跟部长似的”，这可不是吗？奥蕾莉·菲利佩蒂就忙得很。她就是一个静不下来的人，所以部长这个职位挺适合她的。

奥蕾莉·菲利佩蒂 我家里这几年经历了不少变故，其中最让我难过的就是爸爸的离世。所以我希望我妈能来见证我就职。好像没有哪个部长的母亲参加过就职仪式，但我必须这么做。我想当时我妈在现场应该有点儿紧张吧。

奥蕾莉·菲利佩蒂的阶层跃升之路有点与众不同，她的故事里包含了太多“传承”的成分。按道理来说，工人的女儿应该不想继承父业，但如果这位父亲不是普通的工人，而是一位从1965年以来就信奉共产主义，被推选为村长的工人呢？这位工人父亲差一点就能作为摩泽尔省的代表进入法国国民议会了。奥蕾莉·菲利佩蒂毕业于高等师范学院，又通过了大学教师资格考试，获得了古典文学教师资格证。也就是说，拥有这些优越的条件，她想在法国某个大学当个教授是件轻轻松松的事。

奥黛特 她爸爸去世后，女儿就萌生了投身政坛的想法。我挺理解她的，她想走她爸爸的路。但是我并不希望她从政，因为这条路太苦了。我丈夫之前做过市长，我见识过政坛的各种险恶。

奥蕾莉·菲利佩蒂 我小的时候见过父亲的竞选海报。作为国民议会选举的候选人，他海报上面写着“A. Filippetti，你的摩泽尔省国民议会议员”。在我长大后当选国民议会议员后（2007

年），我办公室的门上也写着“A. Filippetti，摩泽尔省国民议员”。［沉默］看吧，命运的圆环终于闭合了，这显然不是巧合。从政后，我完成了父亲未完成的事，我感觉自己与家乡联系得更紧密了，家乡就是有童年的地方，我也找回了童年。我在洛林大区可是人缘不错，熟人也挺多。

还记得奥蕾莉·菲利佩蒂的姑姑安妮塔吗？就是奥蕾莉·菲利佩蒂17岁那年陪她去巴黎亨利四世高中附近找房子的那位姑姑，她那时觉得巴黎就是一个狼窝，生怕侄女一个人在巴黎遭遇什么不测。为了确保侄女赢得竞选，安妮塔姑姑在市场买菜时，在理发店里做头发时都不忘拉票，她甚至还给邮递员发过竞选传单。

后来，奥黛特·菲利佩蒂离开了摩泽尔省，因为她觉得故乡的一切都让她触景生情，陷入思念亡夫的痛苦中。为了换一个环境，她提出了工作调动申请，并于1995年搬到索菲亚-安蒂波利斯市（滨海阿尔卑斯省）定居。奥黛特家离戛纳镇不远，所以每当举办戛纳电影节时，她都会去看走红毯和电影首映式。

奥黛特　我会告诉你一件有趣的事［她让我做好准备听她下面要讲的话，似乎这是一个颇有意思的故事］。有一年，我带着奥蕾莉去了戛纳，那年她才二十出头。我们挤在看热闹的人群之中看明星们川流不息地走红毯。然后我开玩笑地对奥蕾莉说：“总有一天，你也会在这里走红毯!”

奥黛特不敢相信自己的预言居然成真了，而且女儿甚至带着她一起走上了红毯。在红毯上，奥黛特遇到了她最喜欢的导演肯·洛奇（Ken Loach）。她问我:“你肯定知道我为什么喜欢他吧?”说完还给了我一个会心的眼神。（我当然知道了，因为肯·洛奇最喜欢拍工人阶级嘛。）“我妈在红毯上一点也不怵。”奥蕾莉补充道，“其实，我父母一直认为文化应该是属于每个人的东西，当然也包括电影。”

当上文化部部长后，奥蕾莉·菲利佩蒂觉得大多数人都误会了她的出身。她对我说:“当大家发现我读的是高等师范学院后，就自然而然地觉得我应该生在上层社会。其实‘高师毕业生’的这个标签还是有一定好处的，比如可以让我免于遭受阶级蔑视。实际上，让我最不痛快的是那些患有厌女症的人。此外，那些围绕在我身边无事献殷勤的人也很让我头疼，我受不了他们谄媚的说话方式。”

奥蕾莉 富人的人脉很广，他们相互利用、相互帮衬，呼朋唤友地去度假，然后大言不惭地说自己的成功不靠任何人，甚至还虚伪地鄙视底层人民，说他们太固步自封或过于保守了。[说到这里，奥蕾莉提高了声调。]谁不想天天出去玩呢?拿我们村的人来说吧，他们平常的生活范围不会超过三个街区，最多假期去布列塔尼海边或吕贝隆山区转转。没办法啊，穷人们得抱团取暖才活得下去，哪有那么多金钱和时间游山玩水！奇怪的是，依我看，与政治人物相比，富人们要更虚伪些。比如在聊到别墅时，他们会说："我重新砌了花园外墙。"或者："我换了窗户。"起初我很困惑："对不起，您说的是请人重新砌了花园外墙吧？"因为当我听到"我重新砌了花园外墙"时，第一反应是我们要拉来石头，和好水泥，然后亲手砌墙，就像我的叔叔那样，他家的墙和厨房都是自己盖的。所以当富人们说"我重新装修了厨房"时，你可不能被他们误导。他们都很虚伪，说话喜欢夸大其词，目的就是让别人觉得这些活都是他们自己干的，借机突显一下自己的才能，但其实都是请工人做的。在我看来，这就是一个明显的社会标记[①]。

当我问奥蕾莉阶层跨越者是否也存在天花板困局时，她没有立即回答，而是思考了一会儿。

奥蕾莉·菲利佩蒂　我最终辞去了文化部长的职务，在我之前还没有人这样做过。所以我想说答案是肯定的，对我们阶层跨越者来说，天花板就在那儿。记得某个晚上，我为一次展会主持了一场晚宴，来宾都是些古董商。当得知那次晚宴花了12 000欧

---

① 社会标记，即Marqueur social，在社会学中，社会标记指的是某个社会群体所拥有的一系列独特的特征，我们通过各个社会群体所特有的社会标记来区分某个人属于哪一个社会群体或者哪一个社会阶层。——译注

元时，我妈妈怒了！十年了，这顿饭仍然让我很不舒服，想起来就很吓人。对我来说，最糟糕的是那种巴黎式的晚宴。看吧，这就是身为文化部长必须做的事情。如果招待不周的话，我的“客人们”说不定会让媒体批评我履职不力。事实上，我确实收获了不少反对和敌意。不少人向弗朗索瓦·奥朗德抱怨我脾气不好。我认为这一切确实与这种社会出身的差异有关。（她的语气变得强烈起来）我不想和那些抱着某种目的邀请我赴宴的人共进晚餐，就是不想！他们之所以邀请我吃晚餐，是因为我文化部部长的身份，这个身份可以让他们觉得有面子，但我很反感这种事，我不想参与其中，而且我会直截了当地摆明我的态度。

“我们需要有胆识领导法国的政治家！人们很爱评论政治，批评别人总是很容易，所以必须有强大的内心才能当好共和国总统，因为批评总是来得很快！”当我问杰基·罗斯对政治的看法时，他这样回答我。他的儿子米歇尔·罗斯受雇于路透社，是采访政治新闻的专业记者。目前他正在负责报道共和国总统的新闻，这是一个重要且要求苛刻的职位，需要始终关注总统的一举一动。

如果埃马纽埃尔·马克龙宣布发动战争（无论是对新型冠状病毒还是对一个国家），米歇尔将是最早向全世界发布消息的人之一。

面对杰基为捍卫“政治家”而投入的精力和热情，我问他是否也想从政。他说：“不，我们家没有人想掺和政治。你知道的，政治就那样，糟透了。对我们来说，政治并没有给我们带来什么好处，也不会改变我的生活。”最后，杰基对政治的态度出乎意料地发生了180度大转变，他现在的观点简直跟我姑姑如出一辙。杰基一生都在工作。

杰基 我的孩子们从小就下地干活，从小就明白了劳动的意义。比起干农活，他们现在坐办公室要轻松多了。多亏了小时候干农活时的磨炼，他们都在进入职场后成了一把好手，不断地进步。而且他们都是聪明人，脑袋转得可快了。米歇尔挺成功的，他在巴黎站稳了脚跟，走对了路，我希望他能取得更大的成绩。但我认为就进步而言，总有个头，对吧？他最多也就在他们那个路透社当个社长。谁知道呢。

杰基不太熟悉路透社的组织结构，他不知道该公司在全球拥有数千名员工。他可能对儿子的前途太乐观了。

杰基离婚后便得了抑郁症，五年里都没法工作。现在他的状态比前几年好多了。

“总有一天我的女儿得接管我们家的田地，不然就白白便宜那些租我们地的农民了。”杰基对我说出了他的心愿，而他的女儿穆里尔正坐在他身旁。虽然不再种地了，但杰基还是会接些私活维持生计，他曾在艾克斯附近的一位园艺师手下打过工，也曾为他暗恋的女邻居干过活。他说：“我会修剪葡萄藤，修理电线，砍树桩，照顾橄榄树，打理花朵，割草坪，通烟囱，却找不到喜欢我的人。我不知道在我这个年纪，还能不能找到一个愿意和我在一起的人。”我问杰基他的孩子们是否也像他一样心灵手巧？他说除了修剪葡萄藤和修剪草坪，他们好像不会干别的活了。在我们见面的巴黎咖啡馆里，米歇尔向我证实了这一点：像我一样，他连钉子都不怎么会钉。

这种笨手笨脚的感觉让我感到沮丧，因为我们家从来不需要花钱请人修东西。这都要感谢我的外公雅克，他是里昂的一名汽修师傅，后来在一个名叫“Beauregard”的协会教孩子们汽修技术。这个协会是一个保护和帮助那些无家可归的青少年的公益组织，刚好离我爷爷奶奶在伊泽尔省雪瓦龙的农场不远。我外公是一个疯狂的发明家，他会收集一些回收的零件，花上几个星期来做一些小发明，比如设计一个软件来获取自己医保卡的内部信息。他确实是一个充满激情的人，他的“房间”，也可以是他的工作室，就是一个仓库，堆满了他自己发明的电子设备，就像科幻电影里的那样。他发明了一个用来诊断汽车故障的电子设备，并把它命名为“Richardmatic”（来自他的姓氏“Richard”）。在那个年代，这个设备可谓是超前的发明，外公却没有勇气申请专利。他并不吝啬把自己在机械方面的天才用在维修家里那些平淡无奇的东西上，比如我们的洗衣机、洗碗机、吸尘器、微波炉、电脑和手机，无论什么新产品，外公总能把它们摸个透。甚至我们的珠宝、玩具和小饰品他也能修。邻居也没让他闲着，什么都请他去修，所以外公一天到晚都闲不下来（外公分文不取，因为他的天主教信仰敦促他要乐于助人）。他和我的外婆玛丽感情很好，形影不离。外婆会为我们修补衣服，照顾我们的日常起居，当然也包括打扫卫生和做饭。

我们家是一个有复原力的家庭，而且碳足迹几乎为零，因为任何东西只要还能修修补补我们就不会扔掉。我们一家也喜欢未雨绸缪，有备无患，妥妥的野外生存达人。在新冠肺炎疫情开始时，我的堂姐赛琳娜就非常担心我，她对我说："只要有一点问题，你就离开巴黎。你不要坐火车，因为政府会封锁一切。你要找到武器和一些吃的东西，然后穿过田野来跟我们会合。我们把每个人都带到芒斯村（Mens，位于格勒诺布尔以南特里夫斯山区里的一个村庄）——当然我们会去找奶奶——然后我们把桥炸毁，别担心，我们会做到的。"世界末日可能会到来，我们管不了别人了！以下是我们末日时代要做的事情：

-耕种土地（种植、采摘、清洗、包装、运输、出售蔬菜和水果）；

-搭建一个完整的无线电台（一个允许我们与世界各地无线电爱好者交流的通信系统）；

-建造各种类型和尺寸的木制家具；

-建造一个蒙古包（并住在那里）；

-切割石头；

-拉电线；

-纺织、缝纫和翻新衣服；

–修理汽车和电子设备；

–照顾无行为能力的人（给他们洗澡，给他们喂食，帮助他们上床睡觉）；

–照顾幼儿；

–理发；

–修剪树篱、树木、灌木；

–猎杀、屠宰和烹煮动物；

–制作装饰品、笔记本和绘画；

–刻墓碑。

忘记告诉你们了，我爸妈买了一小块土地，这块地正好位于爷爷奶奶的农场和二老的家之间。在我妈和几个邻居的帮助下，爸爸亲手在这块地上建造了一座房子——这是我爸的一个大项目。如果没本事自己盖的话，我们家是不可能买得起这样的房子的。

我也不知道自己怎么就没继承家族在这方面的优良基因，也许是在青春期我就放弃了，也许是在童年？家里人都想教我，但我就是油盐不进。我也想过是否可以一边完成学业，一边让家人给我传授建筑、农业、木工、工艺和机械方面的知识和技能。我想答案是否定的。写作和使自己适应上层社会的文化已经调动了我所有的能量。选择学习意味着必须放弃别的东西，比如为了做个“巴黎人”，我主动放弃了自己的动手能力。

在奥利维耶的母亲去世前几个月，我采访了他，他说自己重新找到了做手艺活的乐趣。

奥利维耶 例如上个周末，我去我妈家帮她贴墙纸，这活真是累死我了！我对自己说："你傻啊，为什么不请人来贴，反正也花不了多少钱。"但我乐意自己贴，至少为了我妈我愿意这样做。自从我爸去世后，我一有时间就会回老家陪陪我妈。我的老家在蓬塔利耶，老家的房子还在，老家的山也没变，夏天绿意盎然，冬天雪白一片，让我产生了回老家买套房子的念头。这个念头是有点儿蠢，但如果我在20年前就买了的话，我妈妈绝对会开心得不得了，她总觉得买了房我回老家就会更勤了，但她的愿望落空了。

20年前，33岁的奥利维耶已经开始崭露头角。他最初试图以同性恋为由来拒绝服兵役，但没有奏效。然后他申请了依良心拒服兵役，政府同意了他的申请，作为补偿，他被安排到了位于巴黎的时尚和纺织博物馆（Musée de la Mode et du Textile）服民役。进入博物馆工作后，他对时尚的狂热被唤醒了。当时他还在蒙彼利埃读艺术史，恰好就以"艺术与时尚之间的联系"为题完成了他的毕业论文。

奥利维耶 我在时尚和纺织博物馆玩命地工作，成绩有目共睹。当时我和维罗妮卡好上了，她是一个我从未忘记的女孩。为了一次展览，我们可以废寝忘食地学习和工作。当时我只想加班，只有加班能让我快乐！我可以在博物馆一直待到晚上十点，我觉得做自己喜欢的事是一种幸福，我对工作有一种狂热，我希望一直保持这种状态。博物馆馆长娜丁·加斯克立即发现了我的存在。她看到我有一种真正的热情，我的热情确实在工作环境中让人一目了然。我问了她很多关于工作的问题。我们对别人的仰慕也是吸引力的一部分。娜丁曾是法国喜剧院的演员，有着法国女歌手芭芭拉那样高挑的体型，是非常典型的巴黎女人，抽着不带滤嘴的波迈香烟，声音沙哑迷离。她对我说："听着，你真的很迷人，让我来调教调教你吧，你这个小可怜。"

虽然他们之间的感情发展得很顺利，但在把她介绍给自己的母亲时，奥利维耶仍然会感到不自在。

奥利维耶 我获准可以在博物馆的Arts Déco工作室缝制我设计的服装。妈妈专程来给我打下手，我马上就看出她俩之间有些不对劲。我妈对娜丁说："您好，女士。"娜丁对我妈说："您可以叫我娜丁！"当她俩站在一起时我才发现一个忽略已久的问题：她们俩居然是同龄人，我妈看起来似乎更老一些。在我妈看来，工作就是工作，职场必须有森严的等级，娜丁只是我的老板。她不知道的是，我和娜丁之间的关系已经不是单纯的上下级关系了，已经变得世俗了。我感到羞愧，所以没告诉我妈我和她之间的另一层关系。多年以后，当我成为博物馆馆长时，我妈依旧来帮我办展览，一切都很顺利，我们再也没有谈论过娜丁。

奥利维耶在27岁那年被提拔为马赛时装博物馆的馆长。他说："当我开始受邀参加电视访谈节目时，我爸妈已经瞒着我跟街坊邻居炫耀起来了。"

埃尔维·华耶的女儿艾洛蒂刚刚过完了30岁的生日。虽然她目前还没受邀上过电视，但如果她老爸在每晚九点前收听法国国内广播电台的节目《蓝色时刻》的话，就一定能从主持人洛尔·阿德勒的口中听到女儿的名字。洛尔习惯在节目结束时对制作团队中的每一个人表示感谢，而艾洛蒂就是她团队中的一员。作为一名活跃在电台演播厅的幕后工作者，艾洛蒂与电台的故事要从7年前说起。那时多亏了儿时一位老师的介绍，她才机缘巧合地进入了法国文化电台，在主持人洛尔手下实习。艾洛蒂非常珍惜在电台工作的机会，她抓住一切机会学习，成长很快。但她也没有落下学业，顺利获得了现代文学专业硕士学位。除了实习和学习，她晚上还要去餐馆打工——这可谓一项壮举。只要干过这行的人都应该知道，每周在电台的工作时间不可能低于35小时。

虽然埃尔维·华耶去电台参加过几次女儿的节目，但面对我的采访，不知道是出于谦虚还是什么别的原因，他似乎不怎么想谈论女儿的工作。"我大概知道一档电台栏目是怎么做出来的，是的！”埃尔维信誓旦旦地对我说，脸上始终挂着尴尬而不失礼貌的微笑。我跟他聊了聊艾洛蒂一路走来的故事，他装作欣然倾听的样子，却没有用心在听。突然他的一句话让气氛瞬间冷了下来，他说：“她成天查资料、写稿子，忙得不可开交，就为了个没什么大不了的广播电台！”听到此处我也别无他言，只能感谢华耶先生的“谆谆教诲”。他说得很对，正如我们平常自嘲的那样：“只是个广播电台而已……”

据艾洛蒂说，她爸对她的工作根本就一无所知。她说：“我觉得我爸和我姐从来都没有听过我的节目。当我回我爸家或者回我姐家时，他们从来不跟我谈工作，他们甚至都不知道我在忙什么。我所在的法国国内广播电台偏向左派，而他们正好不喜欢左派……”总之，艾洛蒂与家里人的关系挺别扭的，在职场中她也觉得自己和同事们格格不入：对一名阶层跨越者来说，这才是完美的出厂配置。

“依我看，艾洛蒂特别想自己主持一档节目！她喜欢在电台里说话……”埃尔维有点犹豫地说道。我告诉他这也是所有电台工作者的梦想。即便已经接触过无数的艺术家和思想家，即便已经可以下笔成文，即便自己的专业能力已经很强了，但艾洛蒂仍然觉得比起其他人来自己做得还不够好。

艾洛蒂　我还是觉得自己和别人有很大的差距，最明显的差距就在沟通方式上。虽然接受了那么多年的高等教育，但在辩论时我很难坚持自己的立场。除此之外，面对那些比我知识渊博的人，我也会不够自信，感觉自己没法以平等的姿态跟他们侃侃而谈。其实自从在洛尔手下工作以来，我已经改变了许多。

我得承认，艾洛蒂天生就是一个工作狂。

艾洛蒂　当我和我爸说话时，他不会问“你的朋友们还好吗?”或者“你谈恋爱了吗?”，他会问:“你的工作怎么样?”这是我妈传给我们的价值观——工作才是最重要的。我妈是那种你可以随时给她打电话的人，她总是乐于助人而且来者不拒。她的口头禅是:“好的，没问题，我来了。”连我爸的家人们她都照顾得妥妥帖帖。我叔叔蒂尔里有次感染了蜱虫，他发现后直接跑来我家请我妈帮他抓虫子。她身边的人只要遇上丁大点儿小事都喜欢来找她帮忙，但她从不抱怨，因为她乐此不疲，她喜欢被人需要的感觉。虽然我觉得她活得很累，但我自己也没好到哪里去，在工作时我也会像妈妈一样竭尽全力地为他人服务。这就是我对父母隐瞒的事情：努力取悦别人，无论如何都要在工作中获得别人的认可。

除了重视工作，埃尔维说自己还传给了女儿一个重要的价值观：不要自以为是。

关于在文化层面与家人没有任何共同语言这一点上，艾洛蒂·华耶已经彻底躺平了，她懒得再与他们分享自己的精神世界。

而在我的闹腾下，我爸妈也经历了一段不堪回首的时期。从2013年开始，我周末一回家就开始放各种独立电影，还要逼着爸妈一起看。这种电影大多数时候没有字幕也没有对话，最多每20分钟会出现一句转瞬即逝的字幕，比如“兰花会从身体中汲取能量”或者“苏格拉底快死了，我们都瞎了”。然而屏幕上播放的画面却与这些话毫不相干。这种没有情节的电影，每个镜头都持续很长时间，所以你不得不与睡意进行一场殊死搏斗。但我就偏偏喜欢这种实验电影。

我对这类电影的喜爱得追溯到2013年，那是我在法国文化电台实习的第一年。那年我被安排到洛朗·古玛赫主持的《约会》（*Le Rendez-Vous*）节目组工作。正是这次实习让我萌生了今后在电台工作的念头。节目每次都会邀请两位来自不同文化圈的名人就各自圈子近期发生的新闻进行讨论，当然也包括电影圈人士。我一点点地留心学习如何在这个万物相连的丛林中找到自己的位置。办公室里有人对我说：“请把黑泽明递给我好吗？”我愣住了。什么？是除臭剂还是甜点？“放在科文和德雷平的下面！”那人继续说道。这种以导演的名字来称呼光盘的方式起初真是让我转不过弯来。后来我发现他们居然也把这种命名方式用在了书籍和新闻档案上。吓出一身冷汗后，我也掌握了这种技巧。（给大家推荐一个生存小技巧：当你没有看到或不知道某个东西的时候，请诚实地说出来。这比假装知道更有效，可以快速让你摆脱尴尬。）

某天晚上，我拖着家人们去看了场电影，不一会儿爸爸就把我叫了出来，他一改平日镇定自若的面孔，严肃地质问我："你为什么非得让我们看这部电影？"这是一个真正的灵魂拷问。我吓了一跳，半真半假地说我只是喜欢这部电影而已。

埃尔维·华耶整天告诫女儿"不要自以为是"，想不到与他们八竿子打不到一起的优素福·巴德也觉得这句话很有道理。他在2017年担任法国司法部发言人，其间受到了媒体的广泛报道，成了名人，但他本人在生活中行事却很低调。他的弟弟吉拉里可以作证，他说："我没有一天不听见身边的人说起我哥！我的朋友们知道我哥的低调后总是很惊讶，他们问我：'你哥也坐地铁吗？！'"

这件轶事让优素福这位四十多岁的老小伙笑了起来。他继续补充道："的确，在我们这里，如果你穿西装打领带走在街上，大家都会认为你要去参加婚礼，没人会觉得你是要去上班。"优素福的妈妈伊茹不断地往我的盘子里加古斯古斯，她也觉得自己儿子很"优秀"，她说："优素福选择了最难的一条路并坚持了下去，他正在做一份有意义的工作，虽然有很多困难，但他并没有退缩，我认为他已经做得很好了。"他的姐姐蕾吉雅在一旁补充道："不过我妈也会常常提醒我弟弟要脚踏实地！她希望我们不要自暴自弃，希望我们堂堂正正做人。""做事必须有始有终，干什么都得坚持到最后。"伊茹对我说，"我的孩子们给我的回报比我为他们所做的要多得多。我的儿子德利斯还给我买了辆车……"听着妻子谈论他们失踪的儿子，优素福的爸爸拉桑开始哭泣。看到此情此景，在场的每个人都眼含泪水。“我小时候觉得我爸就是条硬汉，”蕾吉雅一边流泪一边对我说，“但他老了之后就变成一个多愁善感的人了！”

巴德夫妇，特别是妈妈伊茹对儿子的工作有三点担心。首先是安全问题。她特别害怕优素福会因为工作的原因成为坏人攻击的目标。“她觉得我弟弟的工作非常危险，说不定什么时候麦德林贩毒团伙就会出重金买我弟弟的人头。”蕾吉雅嬉笑着对我说。“当我第一次在电视上看到儿子时，我高兴到流泪，但我一直很担心他。”伊茹有时还会自己跑去法庭看儿子开庭。“我们决定不准她去了，因为她总是会在法庭上乱说话！”伊茹的孩子们笑着对我说。

其次，伊茹宁愿儿子只当个律师。

伊茹 律师只是为他人辩护而已，但作为法官，得经常把人判去坐牢，这很招人恨啊，反正我不喜欢这个职业。但儿子说这很正常，必须有人把做了错事的人送进监狱。

优素福 我妈非常在乎左邻右舍对我们一家的看法和评价，当然还有“为社区服务”方面。她觉得作为法官，我没法为街坊邻居做些什么。但如果我是律师或医生的话，就可以帮助别人。这就是我爸妈看待一份工作的视角，一种摩洛哥式视角。

最后，伊茹发现儿子的工作太多了。当优素福在2017年成为法国司法部发言人时，伊茹感觉一颗心落了肚，儿子的安全问题不再让她担心了。但另一个烦恼又出现了，她抱怨道：“他一直在打电话！”这位母亲还记得2018年7月2日的一个星期日，那天劫匪雷多因·法伊德乘直升机越狱了。那天优素福本应在父母家陪他们，但这个突发事件让他忙得甚至没有时间向他们打个招呼。记者不停地缠着他，不弄到点消息就不罢休。案子闹得这么大，他连饭都没吃上一口就从父母家离开了。伊茹觉得儿子当时的生活简直一团糟，她说：“他之前吃不好，睡不好，也没时间陪孩子。但现在我放心多了。”优素福换工作了，他目前在母校法国国立法官学院（ENM）当老师。他于2010年从这里毕业，现在又回到了这里。当老师让他有了更多的时间，他也在鼓励更多平民阶层的年轻人来参加法国国立法官学院的入学考试——他目前以视频博主的身份在社交网络做了些类似报考指南的小视频。

优素福的弟弟吉拉里说他得走了。我问他是不是要回家休息。他说：“你看，我没上过大学，所以就得从早到晚地工作，别无选择，我必须挣钱糊口啊。”新冠肺炎疫情使他的生意变得冷清，目前他的网约车公司只剩下两辆车了。

家里只要有一个孩子完成了阶层跨越，这个家的其他孩子就会接二连三地走出原有的社会阶层。优素福家就是这种情况，除了最小的弟弟吉拉里，家里的其他孩子都接受了高等教育。其他受访家庭，大卫家、霍卡雅家、米歇尔家、奥利维耶家、安娜家、托尼家、阿里家、劳拉家和我家皆是如此。我的妹妹索莱娜在格勒诺布尔读了社会学和公共政策评估两个硕士学位。上学期间，她都在位于我们格勒诺布尔城工业区的一家家居连锁店打工。她住在爸爸妈妈家，拿着微薄的工资，没法负担一套自己的公寓。如果我没有去巴黎闯闯的话，可能我也会过着和妹妹一样的日子吧。如今，妹妹受雇于格勒诺布尔市政厅的平等权利服务部，负责反歧视工作。本书的受访者和他们的父母都将这个现象归因于模仿，甚至是基因。“这意味着它是在某个时候教给我们的喽。”更加谨慎的奥利维耶怀疑道。

但是这种情况也不是每一家都有：帕斯卡利娜的弟弟在职业高中毕业后就开始工作了，几年后又考到了高级技师证书。奥蕾莉·菲利佩蒂同父异母的弟弟就没有上大学，奥蕾莉·瓦洛涅的弟弟也一样。奥蕾莉·瓦洛涅“气急败坏”地给我举了个例子，她说：“当人们问我弟弟是做什么的时，我会回答他是园丁。这个时候气氛通常都会变得很尴尬。人们会坚持问下去：‘但是……你指的是园艺师吗？’我会告诉他们：‘不，不，就是普通园丁而已，市政府雇用的园丁。’”每家的情况都不尽相同，虽然家里有出息的孩子做了个好榜样，但其他孩子也不一定想走一样的路。他们可能会继续上学。或者他们就想待在原地，看着他们的兄弟姐妹们在社会金字塔上攀爬。如果说我和妹妹索莱娜或多或少在同一支球队打球的话，那么我的表弟米凯尔和我俩就不是一队了，我想你应该在前文中对他的工作有点了解吧。

2018年11月初，我坐上了表弟米凯尔的标致牌小车，跟着他去看望我们家族的主心骨——爷爷奶奶。二老特别喜欢米凯尔，把他当成了小儿子看待。平日里除了陪爷爷奶奶，他也会去他妈妈家和他爸爸家各住几天，甚至还会抽时间来我家陪陪我爸妈。米凯尔曾收到过格勒诺布尔的一家音乐学院的录取通知书，然而没上几天他便退学了。即便我们家的人都说他有一对音乐家的耳朵，他也不想继续上学了。我试着在校园图书馆里向他传授学习的方法，我说："这很简单的，你只要强迫自己按照计划好的时间表来学习就行。""坚持下去你就会获得一种成就感。""专注感是一种疯狂的东西，当你尝到甜头后，没有它你就活不下去。"在接受完我的一通疯狂的教育后，表弟仍然我行我素。他依旧早上6点才上床睡觉，完美逃避了学校的所有课程。这几年他过得并不如意，他工作过一段时间然后又失业了，目前靠积极收入津贴①生活，平日里也打打零工。

去看爷爷奶奶的那天，我刚坐上米凯尔的标致车就看见引擎盖上铺着一件黄色的安全马甲。当我下车要把它收起来时，米凯尔拦住了我，还说这是他故意放的！他对我说："11月17日将有一场大型示威，我们将封锁一切街道，我们没钱生活下去了，汽油太贵了。"听完他的话我愣住了。这是我第一次听说要有一场大游行。最重要的是，我表弟之前从未参加过任何游行，他这次居然想参加。我感觉自己错过了一件大事。作为《世界报》的一名记者，我怎么能错过21世纪法国最伟大的社会运动的诞生呢？我的

① 积极收入津贴，即Revenu de Solidanté Active，简称RSA，是法国政府为收入低下人群提供经济援助的一种社会福利制度。RSA也会提供职业培训、求职辅导和就业支持等服务。——译注

电子行程表给了我答案：

10月25日：飞往蒙特利尔的航班。作为"《世界报》高峰论坛活动"的组织者，这是我第一次到魁北克出差。我打算借此机会休假一周，去纽约逛逛。

11月初回国后：和萨布丽娜一起喝酒，与西里尔共进午餐。上第十七期瑜伽课，跟塞德里克出去喝一杯，拜访爱丽丝。

11月9日：乘火车前往格勒诺布尔，陪索莱娜过生日。

然而这一刻，在米凯尔汽车的引擎盖上，社会真实的一面以黄色马甲的形式出现在我面前。

根据我的日记，我的日子在11月17日的前一周依然平静：看三场电影，与《世界报》的同事一起去两次健身房，吃两顿丰盛的晚餐，在冬季马戏团剧院听杰拉尔·德帕迪约翻唱芭芭拉的歌曲，参加一次乔迁派对，晚上从派对打车回家——这也是我这周唯一一次坐汽车。我甚至把自己的日程一直安排到了"黄马甲运动"爆发的那一天：

11月17日：与艾梅莉一起去费雄餐厅吃午餐；下午4点去发丝飞扬理发店理发；下午5点去洗衣店和购物；晚上8点去让朱利安在蒂伊镇的家参加生日派对。

像大多数巴黎记者一样，我沉浸在自己的小日子里，全然没有发现黄色马甲们已经悄然聚集在了城市的各个交叉路口。

我第一次发现自己和表弟的生活是如此不同——虽然这并不妨碍我们分享彼此的一切（有这种想法，是我错了吗？），从小时候我们分享最喜欢的女歌手的肖像纹身贴纸开始，我们就无话不谈了。在“黄马甲运动”大规模爆发之前，虚伪大众一开始将参与运动者视为保守派甚至是法西斯分子，最终才认识到自己当初判断失误转而支持他们。然后那些有话语权的人夺取了运动的控制权，剥夺了示威者们的权利，因此才会出现米凯尔这样的抗议者和他的汽车引擎盖上铺着的黄色马甲。是我表弟的妈妈米希亚姆告诉他这件事的。“事情要闹大了。”我姑妈一定是这么说的，肯定还配合着那种让我们大笑不已的夸张表情。就我而言，我完全不知情。我在巴黎不开车，对燃油税没什么概念，平常也没为钱发过愁。不夸张地说，我周围的人没有像我表弟米凯尔这样的穷亲戚，相比之下，他们更不可能从身边的人口中得知11月17日的这次抗议活动。

吕斯一直是坚定的左派支持者，她在巴黎高师读书的时候就参加了学生会组织的几次抗议活动。在“黄马甲运动”爆发后，巴黎高师学生会也站在了支持黄马甲运动的一方。根据吕斯的观察，她的同事们都是典型的大学生，所以她不得不适应一下。

吕斯　当人们知道我们所从事的职业时，他们会自然地觉得我们属于上层社会。所以为了更好地匹配这份职业，我们必须把自己伪装成中产阶级。阿德里安，你应该也非常在乎你的个人形象，因为你的脸就是你的名片，这就是资产阶级们的共识，你无法逃避。所以作为一名教师或者科研人员，我必须在讲话时使用雅语，我必须注意仪态，我得站直了。其实当你在工作中表现出专业技能时别人就会自然而然地觉得你来自上层社会了！巴黎高师毕业后，我在巴黎富人区的塞纳河畔讷伊的某所教辅机构里教了两年半的口试答辩课。在那个环境里，我不得不比资产阶级更资产阶级。当学生们的行为都偏离上层社会的标准时，我必须批评和纠正他们。由我这个出身底层社会的人来教他们怎么进入上层社会，这简直太精神分裂了，我成了资产阶级的警察［笑］。事实上我在教授这些准则方面可能更加得心应手，因为我自己在这方面可是下了很大工夫的，相比之下我的同事们则是从小就沉浸在这些准则之中。

吕斯的学术前景一片辉煌，她通过了经济和社会科学专业教师资格考试，还收获了一份博士合同。“当我收到博士录取通知书时，我高兴地哭了30分钟。我简直欣喜若狂。这可能是我学术生涯的开始，但最重要的是我终于能拿到一份稳定薪水了！”

吕斯的母亲希尔维·瑟维尔女士为这一切感到非常自豪。但吕斯每年只来看她一两次，所以她在接受我的采访时泪流满面，向我倾诉了很长时间。

希尔维［抽泣］　我知道吕斯正在好好学习，这是好事。但我算了一下，我已经有9个母亲节没有见到她了。而且她有好多年没回来陪我过生日了。所有那些生日，所有那些母亲节，所有那些下班回家后见不到孩子的日子，你不知道我是怎么熬过来的。她本应该去年圣诞节就回来，但她没有，她在今年二月份回来了一两天。我感觉她在我的新公寓里住得不习惯。当时，她告诉我："我还得读4年博士，最多6年。"我算了一下，这么一来，她高中毕业后至少还要读9年的书！唉，其实就算她不会读书我对她的爱也不会改变。

吕斯曾告诉过我，也是出于某些私人原因和健康问题，她母亲这段日子过得并不好。所以我告诉希尔维，如果她愿意的话，我们可以休息一下。她很惊讶地说人总是会因为流泪而感到尴尬，但她不介意在我面前哭。所以我们的采访又继续了。调整片刻之后，笑容又回到了她的脸上。

希尔维　4年前，准确地说是4年前我生日那天，我跑到巴黎看望吕斯。她带我出去散步。有一次，她停下来对我说："我很想带你去听歌剧，但票太贵了，所以我只带你看看那栋楼。"吕斯开车带着我来到巴黎歌剧院附近。我对她说："嗯，很好。巴黎歌剧院真漂亮。"

当她讲述这件往事时，我觉得希尔维的思绪回到了那一刻。

吕斯等待了很长时间才有了一份稳定的收入。相比之下，安娜·保利花的时间要长得多。在高中里做了7年的学生管理员后，安娜失业了。后来她又分别在几家公司做过校对员——这份工作她似乎还有点儿对她的胃口。她说："我父母觉得我得有一份真正的工作，我那时的状态让他们很担心。我在2009年参加了编辑秘书培训，考到证书后我的收入才高了一些，但也不过一个月两千多欧的工资。其实我从30多岁开始就能通过副业赚到那么多钱。"她的母亲弗朗索瓦丝从来都不知道女儿的这个秘密。

安娜的"课外活动"让她的起床时间并不固定，有时候早上起床，有时候下午才起，这取决于前一晚的聚会几点结束。她解释道："在某些情况下，你没法告诉父母你所做的一切。难道你要向你爸爸解释你昨晚打碟时金汤力喝多了吗？"

安娜早在2000年初就在性少数群体的夜生活中找到了自己的位置：她也有发言权。她和朋友艾米莉·瓦拉制作了一档名叫《妈妈犯了错》（*Maman a tort*，这个节目名其实是向歌手米莲·法莫的第一首歌致敬）的广播节目，人们可以在"校园电台"频道（*Radio Campus*）上听到这档节目。她还做过志愿者，近距离地接触到了地下文化。她说："借助这些志愿活动，我们这群人才有机会自由地谈论性别、性和女同性恋者。"后来，她也在"校园电台"频道有了自己主持的节目《爱情歌曲》，每期节目都通过精心的编排的内容来回应一个与爱情有关的主题。节目中，安娜用她那略带忧郁和讽刺的话语将爱情娓娓道来。

她用了几个关键词来总结这段美好的时光："收音机、夜晚、看东西、采访别人……”这些独一无二的经历让各路媒体看上了安娜，她以记者和编辑秘书的身份为他们工作，以此来赚些钱（比如*GQ*杂志和*Glamour*杂志）。安娜的家人并不真正了解她的工作。当她向家人解释自己的工作包括纠正并可能修改记者的原稿时，会有人抗议道：“这样好吗？改动别人的文章是不行的！”安娜向他们解释道：“报社和杂志社就是要求这样做的。一篇文章的发表是需要团队合作的。”但是安娜并没有说服任何一个家人。她说：“他们对我敢于触及别人的智力成果感到愤怒。”［笑］

克劳蒂娜　我不记得安娜是否曾跟我说过她的梦想是写作，也许她没有表达得很清楚。她的文笔的确很好，但是她得回到校园重新开始学习才能写出好文章。

克劳蒂娜指的是她侄女安娜在30多岁时报考了巴黎第八大学的文学创作专业的硕士研究生。读研期间，她创作了自己的第一部小说《在我忘记之前》（*Avant que j'oublie*）。

克劳蒂娜　在小说出版之前，安娜就寄了一本给我，她让我告诉她读完后的感受。但是我必须承认我没读完，因为小说里有很多勾起我痛苦回忆的地方。对于安娜来说，这很好，她把写作当作了一个情绪的宣泄口，说明她已经走出了往日的伤痛。但我的姐夫为家人付出了很多，小说里对他的描写让我难受，即便我曾照顾他到生命的最后一刻。

这本小说赢得了读者奖，并获得了2020年的法国国际图书奖（Le Prix du Livre Inter）。我问克劳蒂娜："如果你姐姐还在世的话，她会对女儿的成功作何反应？"

克劳蒂娜 我很难想象姐姐会有何反应，因为当弗朗索瓦丝离开我们时，安娜还是一名普通的高中生。这么多年过去了，安娜变得这么好，她妈妈当然会高兴。安娜在书中写了很多关于她爸爸的事，我想如果她爸爸在电视上看到她的话也会很高兴的。不管怎样，安娜现在已经可以游刃有余地应对各种媒体了，不是吗？现在的她已经可以在电台里侃侃而谈或者面对高中生们自信地演讲，还结识了很多上层社会的朋友，放到以前，这些人是不可能和她有交集的。所有的这一切都让我很欣慰。

但克劳蒂娜小姨可能没有意识到，她所说的这些"上层社会的朋友"会让自己的侄女头疼不已。安娜说："当你走进一个看重文化资本的圈子，你的社会出身会不断地提醒你自己很无知。"她在收到我的采访邀请时犹豫了很长时间，而且她对这种"讲故事"（我们又回到了这里）方式表现出了明显的抗拒。一见面她就开门见山地说自己并不是"典型的"阶层跨越者。

安娜　大家似乎只关注我的社会出身，对我身上别的东西视而不见，这让我很是困惑。其实我只需要对他们说“我喜欢的作家是安娜·埃尔诺和迪迪埃·埃里蓬”就足够解释一切了。作家莫妮卡·威蒂格在《异性恋思维》（*La Pensée straight*）一书中写道：如果主题胜过语言的话，人们就看不到真相。在某种程度上，真实的我消失了。人们为我画了一个框，我必须待在这个框里，这太疯狂了。无论我说什么，无论我做什么，他们都视而不见，听而不闻，我只能任其处置。我写这本书只是想记录一段社会记忆，我想说的是：我经历过与性别相关的阶级统治关系，这段经历构成了我的政治立场，我永远不会对此保持沉默。但我从未想过，这会成为一个陷阱、一个工具，通过这个工具，人们有意或无意地把我固定在他们想象的框里。它无处不在，让人无力反抗。在某种程度上，我永远处于被动地位。当然，有时候你必须妥协，接受并参与到这个游戏中，其实别人只想和你聊的东西或者想问你的问题也就那几个。远离这些烦恼的唯一方法就是拒绝一切交流和采访，不再为这些烦恼纠结。

托尼·布兰多在26岁时就踏上了他的科研之路。与安娜·保利那些深不可测的想法相反，从巴黎亨利四世高中退学的那段经历让托尼明白了一个事实：他永远不会成为资产阶级的一员。

托尼　我经常被人忽视，有时候得咳嗽个三两声才能让别人注意到该听我说话了。我从未梦想过自己能融入巴黎知识分子圈。我只是希望能够有机会有平台阐述自己的学术观点，我并不把自己的出身背景或者不属于任何一个上流社会圈子看作一种缺陷。当我母亲明白这一点时，她改变了对我的态度。因为之前她一直认为我的梦想是成为一个伟大的巴黎资产阶级，其实这并不是我的追求。相反，我对此避之不及。

还记得在巴黎政治学院的毕业典礼上，托尼和他的母亲米希亚姆大吵一架，最后不欢而散。托尼现在在巴黎的青年领袖中心工作，他正在考虑是否参加巴黎高师的入学考试。最近，他的外甥出生了，全家因为这件喜事聚到了一起。他这位刚做妈妈的妹妹高中毕业后就没再继续上学。托尼告诉我："我妈认为母亲的角色给我妹妹打上了一个标签！相当于给她颁发了一张神圣的文凭。"

那段时期，托尼的一个妹妹刚刚生了孩子，另一个妹妹在生病住院。他和妈妈不得不来回照顾她们。一番忙碌过后，米希亚姆发现托尼整个人的状态不太好，体重也明显增加了许多。

米希亚姆 忙碌一天后托尼开车送我回家，然而在车上我的内心并不平静，我感到非常非常的紧张。我甚至觉得可能会发生一些危险的情况，说不定他会突然发疯似的乱打方向盘。虽然我知道他非常爱我，但是我仍然觉得他会伤害我。我似乎能看见他的怒火在翻腾，随时都可能爆发，随时都可能颠覆我的生活。再加上我走的是一条弯路，坐车时我的心一直是悬着的。那天晚上托尼没有在家久留，他直接开车回了巴黎。

从那一年的10月到次年1月，这对母子除了电话里的几句客套话并没什么实质性的交流。托尼计划以“穷人的命运”为研究课题申请国家行政学院的博士，他把时间都花在了这上面。米希亚姆再也受不了这种冷战了，她率先打破了僵局，主动跟托尼联系。作为回应，托尼给她发了一张照片：他在三个月内减掉了40公斤的体重。托尼说自己在节食，已经“用书代替食物”。米希亚姆很担心，当她跑来巴黎看儿子时才发现托尼已经瘦到自己都认不出来的程度了。她愤怒地说：“这就是他，非常激进，要么全要，要么什么都不要。”回忆起这段往事，托尼开玩笑地对我说：“那时我对自己说：‘你的身体在蜕变，这是为了在新的基础上重新开始。’好吧，我承认我就是一个神经质的人。”

托尼和他的五个兄弟姐妹鼓励他们的母亲重新回到学校学习护理，因为她不再需要上夜班来抚养儿女了。米希亚姆告诉我：“托尼不断鼓励我，他让我相信自己有能力通过结业考试。”最后她成功了，然而托尼却没被国家行政学院录取。幸运的是国家行政学院居然聘用他为授课教师。命运又一次来了个转折，他被巴黎议员慕尼赫·马祖比聘为议会助理，马祖比之前曾担任过法国数字事务国务秘书，是一位托尼非常仰慕的人。托尼说：“他是我在学习期间唯一崇拜的政治人物。我知道他的父亲是一名房屋油漆工，他的母亲是一名清洁工。他让我觉得一切皆有可能。”（在见到托尼之前，我就有将马祖比的经历写进本书的想法并与他的团队以及他本人进行了深入的沟通。虽然他先前口头表示同意，但随后又改变了主意。）

在帮助议员先生处理有关亚马逊公司的文件时托尼脱颖而出：他曾是这家美国巨头公司的订单拣选员，这是他学生时期做过的众多工作之一。

托尼 亚马逊的象征就是微笑。在亚马逊打工时，主管一直对我们说：“你需要亚马逊。”这样的口号真的很纳粹主义，和“工作给你自由”这种话挺像的，有种给人打鸡血的感觉。但在亚马逊的工作经历让我近距离了解了这家公司的管理方式，让我对与其相关的文件资料有了更敏锐的理解。这让我体会到了一线经验的重要性。

托尼在政坛的这段工作经历让他感到了极大的失望。他没法在这片“游乐场”里实现自己作为一名年轻人的理想。他说：“在政界，有一个好的想法并不重要，重要的是人与人之间的沟通和关系的协调。我花在推特上搜集舆论的时间比静下来好好写一份修正案的时间还多，所以我决定放弃这份工作去尝试别的冒险。”

然而，米希亚姆并没有错过她儿子在国民议会迈出的第一步。

她花时间详细了解了慕尼赫·马祖比这个人，并积极参与了托尼为马祖比在社交媒体上组织的各类现场活动。托尼对我说："你必须看看当我和马祖比在一起时我妈那种投入的目光。我没有勇气当面告诉我妈我要辞职的决定，因为她很高兴我能在一个和我们背景相似的人手下工作，而且重要的是这个人说的话她都能听懂。"

在讲起妈妈对马祖比的喜爱时，托尼并没有表现出不屑的样子。每天上午10点，我们打开法国国内广播电台，就能收听阿里·赫贝里主持的节目《对您有好处！》(*Grand bien vous faire!*)。做节目时阿里也经常想起自己的母亲。他会想，妈妈能理解今天这位嘉宾说的某个词语吗？如果阿里自己都不能百分百确定，他会要求嘉宾解释一番。英语的使用也是一样：必须完整地翻译出来。这是媒体人职业道德的体现，"不要天真地认为所有听众都能理解你说的话"，这是一项早就被媒体所遗忘了的基本原则。

无论如何，阿里的妈妈赫迪嘉女士都是他最忠实的听众。每天早上，她都会在自己位于图卢兹的公寓里与儿子的声音来场约会。阿里在节目里滔滔不绝地聊着日常生活中能碰到的所有话题，从戒烟到疫情时期的独身生活，从现在流行的复古风到养猫的注意事项。"我很高兴阿里能一路走到今天的位置，他是一个谦逊的人。当我在广播里听到他的声音时，我想的是：'至少我的辛苦得到了回报。'"她第一次感受到这种激动的心情是在2006年，那年阿里刚刚入职法国欧洲第一电台，和别人搭档主持一档节目。之前的几年里，阿里一直在法国电视台做记者。“他在没有任何人帮助的情况下达到了今天的成就，完全是靠自己的艰苦奋斗。他热爱工作，产生了良性循环，他的努力也得到了回报。可以说工作就是他的倚仗。”

2013年，阿里在法国文化电台主持了夏季一整季的节目。漫长的工作结束后，他邀请妈妈前往巴黎圆点剧院参加电台组织的活动。活动上，时任台长奥利维尔·波弗尔·达沃尔主动过来跟她讲话。赫迪嘉向我讲述了这件让她感动不已的事。

赫迪嘉 达沃尔先生对我说：“你好，赫贝里夫人，我非常喜欢阿里和他的工作，我把他当作自己的亲儿子。”这句话温暖了我的心。我很高兴阿里的老板对我说出这样的话，他是一个非常有教养的人。离开时我想：“好吧，我的儿子会走得很远。”

一切都会因此而波澜不惊地发展下去吗？阿里不是那种爱抱怨的人，但在我们的采访即将结束时，他委婉地提到了“某些新闻记者的社会种族主义倾向”。例如，在2005年，当巴黎北部的克利希苏布瓦市[①]发生骚乱时，阿里因为自己的阿尔及利亚移民背景，被编辑要求担任电视台的“清道夫”。“清道夫”是帮助记者在未知

① Clichy-sous-Bois，位于巴黎北部郊区。这座城市长期以来遭受移民问题的困扰，缺乏支柱产业支撑，服务业和商业都相对落后。因治安情况非常恶劣，这里是很多抢劫和毒品贩卖案件的多发地。——译注

或危险区域（例如战区）找到出路的关键人物。他得带领记者们通过路障，找到原本难以获得的消息来源，或者是为记者们简单地找到一个睡觉的地方。“清道夫！”阿里很无语。他不知道该说什么，只能说：“不用了，谢谢您。”要成为“清道夫”，你必须彻底了解当地的地形，对当地的各种关系和门路都得一清二楚。所以这位让阿里做“清道夫”的这位主编在想些什么？赫迪嘉也曾遭受过种族歧视，阿里的弟弟上学时成绩很好，初中时成绩基本都保持在12分以上，但仍被邀请去参加职业技校宣讲会。

赫迪嘉　我冲到学校为我儿子说理，我对他们说：“你们瞧不起谁呢？！”我儿子高中毕业会考已经考到了16分了，他们怎么能这样对一个孩子？！他们想把我儿子排除在法国高等教育体系之外，这是我无法接受的。每当我的孩子们遭受不公平对待时，我都会为他们而战。

赫迪嘉是优绩体制的狂热捍卫者，她说：“在我们社区我认识的人里，有几个人把孩子培养成医生或者工程师了？我认识一位律师，他告诉我：‘我们家孩子在学习上可赶不上你家的孩子。’”这就是母子立场的分歧所在。阿里已经发现在这个社会上，有些事不是光靠努力就能做成的。我提醒赫迪嘉注意社会出身的重要性。她俏皮温柔的声音顿时变得坚定了许多。

赫迪嘉　我可以告诉你，我的成功并没有靠任何人。当然，社会环境的影响很重要，但人最终还得靠自己。不能指望靠社会来教育和培养你的孩子。如果父母们负担起教育孩子的责任，如果父母们能真正地关心孩子，孩子们就不会走偏。为什么我们总是责怪社会？不！这不是社会的错。我办过社团，对社区里各家的情况也很熟，所以我很清楚如果家长和学校能配合起来，各司其职，我们的孩子就能成功。只需要投入少量的精力和时间就能取得很好的效果。

赫迪嘉自信的观点让我耳目一新，让我不得不反思自己之前对这个问题教条的看法。我差点没忍住想和她就此问题辩论一番，但是我转念一想，今天我只是来采访的，不是来辩论的。而且我俩要是真的辩论起来也很尴尬，尤其是在涉及政治的话题上，一个来自上层社会的“进步”人士给一位来自底层社会的人上课，她被教训得安分守己。相信优绩体制？典型的右派思维。永远坚信“工作的价值”？仍然是右派的想法。劳动至上的价值观已经被本书中的绝大多数父母灌输给了孩子们。他们之所以这样做，不是因为这是一个保守的价值观，也不是因为他们是右派，只是因为这是让他们能生存下去的唯一选择，即便这种工作至上的想法只能带来的微薄的薪水，他们也别无选择。说到底，他们的想法很单纯，并不源于任何一种意识形态。

所以我犹豫了很久才给拉齐达·达蒂（Rachida Dati）发出采

访邀请。她的父亲是一名建筑工人，母亲是一名裁缝，都已去世。我必须承认，我对那些猛烈谴责社会再生产的阶层跨越者所产生的理解和共情（并不是同情）有时会不由自主地超出我的政治立场。例如，看完这位法国前司法部部长在2020年巴黎市长选举前出版的《没收权利》（*La Confiscation du Pouvoir*）一书后，我居然迷上了书中某些过激的观点，比如在书中，她声称那些在政界的官二代，管他是左派还是右派，都应该就地免职。事实上，此书成为了拉齐达·达蒂女士在竞选巴黎市长期间攻击左派的一大利器，尽管巴黎长期以来都是左派社会党的票仓。然而，现任巴黎七区区长的拉齐达·达蒂女士拒绝了我的采访邀请，她给出的理由是："这个话题太私人了。"

劳拉·托马桑永远不会——就连她的父母也不会——投票给拉齐达·达蒂，因为他们都非常反感这类右派的政客。劳拉全身心地投入到了文艺创作中，她终于当上了导演，凭借这个新的身份她脱离了原有的社会阶层。作为一名文艺工作者，她还需要保证自己导演的戏剧能让儿时的街坊邻里看得懂，自己传播的文化能得到人民大众的认可。她接受了巴士底剧院的提议，去给小学生和中学生们上戏剧课，以便孩子们看戏前"有所准备"。以前可没人给她上过此类的课，导致她在第一次看话剧时两眼一抹黑，什么也看不懂，所以这次给学生们上课的机会刚好可以治愈她高中时期的心灵创伤。在诺曼底的一次写作课上，她以"敏感人群的会议”为主题召开了一次讨论会，参会的作家们首先要做自我介绍，但是劳拉禁止他们以从事的职业来介绍自己，而是要求他们以到达写作工坊所花费的时间来展开一次自我介绍。劳拉曾在巴黎19区卖给富商文森特·博洛雷的市政托儿所里开过一个临时小剧场，还曾在位于巴黎19区，由职业技术高中的食堂改造而成的剧场里演过戏。

劳拉 我希望我的父母能理解我，我可不想成为那种在吃饭时从不与人交流的孩子。我花了很长时间才意识到，我的艺术创作受父母的影响很大。现在我知道了，所以我尽量减少了作品中的政治色彩。

她补充道：“我不想对父母隐瞒我的精神世界。”劳拉确实向她的父母分享、展示和坦白了她的一切，包括她的性取向和她在文化方面的那些奇奇怪怪的小癖好。她把各种信息揉成一团，一股脑儿地抛给父母。但据我观察，这只是她的一厢情愿的做法，虽然她的母亲安吉丽塔并没有表现出任何不悦。安吉丽塔在采访中告诉我：“我并不讨厌劳拉跟我聊这些，我喜欢听她给我讲那些电影项目和戏剧，她讲的东西总是让我耳目一新，就像发现了另一个宇宙。”然而劳拉却认为她的父母其实根本不会看她寄给他们的电影。但在采访中安吉丽塔向我保证他们真的看了。

劳拉　只要是我的戏，爸妈都会来看。但我总担心他们看不下去，因为我的戏不是那种逗乐的风格。比如在某场戏中，我让演员扮演即将要被摧毁的郊区建筑。连我那些文化圈的朋友都对我说："这些是你的幻想吗？"［笑］我爸看戏时一直都不太开心，直到出现了一个有点逗乐的剧情时，他才笑了。演出结束后，他也只跟我提起这段剧情。

每场演出中，大家都的视线都会看向不同的方向，劳拉的朋友们特别关注她爸妈安吉丽塔和克里斯蒂安的反应。这老两口则是把目光放在了女儿的身上，就连她最轻微的反应他们也能察觉。而劳拉本人已经顾不得别人了，她完全专注于正在进行的演出，她得对表演的质量负责。

安吉丽塔费了老大劲儿才讲清楚女儿究竟在剧场干些什么，她说："她天天泡在剧院里，有时候上台表演，然后什么活都掺和着干。"我第一次见到劳拉时，她在巴黎市中心新开业的一家名叫"眼睛卡巴莱"的同性恋俱乐部做"保安"（站在俱乐部门口迎送顾客，必要时维持秩序的人）。最近，劳拉在短剧《治疗》（*En thérapie*，法国艺术频道出品）的片场帮忙，她的工作正好是为扮演夜店保安的演员弗雷德里克·皮埃罗提词。

安吉丽塔　劳拉用各种工作填满了她的生活，她想进步，想成长，所以她停不下来。可能我的比喻不是很恰当，但我总觉得我的小劳拉就像一台小锅炉，你必须给它加炭才能工作，如果没有了炭它就会熄灭。

停不下来的劳拉从2021年1月开始放慢了脚步，她决定停下来把人生好好地复一复盘，以便看得更清楚。

劳拉　长大后我发现自己和父母之间能聊的东西越来越少了，尽管我一直在努力寻找和他们之间的共同话题。在和我爸聊天时，我会故意问一些他感兴趣的问题，比如“螺栓和钉子怎么选？”“手工活怎么做？”，诸如此类。我还发了一张我自己组装置物架的照片给我爸看，他回复道：“你适合干体力活，换个职业吧！”

劳拉最近发现妈妈在她的领域里取得了一些进展，她说：“我妈在疫情期间开始写作。她在电话里对我说［劳拉在模仿一种厚颜无耻的语气］：‘现在，呃……我在写点东西。’［笑］这简直就是从我嘴里说出来的话！我知道其实这是我妈和亲近的一种方式。”

安吉丽塔亲口证实了这一点：“写作让我感觉很好。这是我对封控和解禁那段日子的记录。”我问她是否觉得女儿已经离他们夫妇俩越来越远。

安吉丽塔　她并没有离开我们，她就在我们身边，但我们好像是生活在两个平行世界里的人，我不知道如何向你解释这种感觉。她没有远离我们，我们彼此很亲近，我们之间平常也会聊天……她老爸常说：劳拉生活在另一个维度。她既不在我们的前面，也不在我们的后面，她就在我们的旁边。

我们与父母的社会关系很难定义：在旁边，在前面，在后面，还是在另一个维度？2013年，当丈夫接到赴米兰担任要职的工作机会时，奥蕾莉·瓦洛涅别无选择，只能举家搬到邻国。从兰斯商学院毕业后，她发现自己每天只能干些类似“提升卫生巾销量”的工作，所以面对去意大利冒险这样难得的机会，她毫不犹豫就辞掉了在法国的工作。但她的母亲却不这么看。

科琳娜　哦！米兰，这个消息来得太突然了，简直是晴天霹雳！再加上她儿子那时还小，才一岁半。她告诉我：“奥利维耶升职了。”嘿！我那一刻简直蒙了。我记得，她告诉我这个决定时我们正在公园里散步，她说：“从奥利机场坐飞机只需要一个小时就到米兰了。”她说得没错，虽然路程没多远，但怎么说都是离开法国，性质完全不一样。米兰当然是个漂亮的地方，但是我对那里一无所知，我也不会说意大利语，我觉得……呼。[烦恼的叹息]

这位母亲对奥蕾莉夫妇俩的疯狂生活节奏也颇有微词：“这两人的日程都安排得很紧张，他们晚上八点半才下班，平时都是保姆在带孩子……他们基本上没时间和孩子待在一起。”

在这个奇怪的人生阶段，奥蕾莉·瓦洛涅拿起了笔，写了一本名叫《做人不要太过分》（*Mémé dans les orties*）的处女作，圆了她童年的写作梦想。这本书讲的是一位脾气暴躁的爷爷重拾对他人和生命的热情的温情故事。奥蕾莉在亚马逊上自费出版这本书，最初她并不期待有多少人会看，但是她做梦都想不到这本书居然成功了：在亚马逊上售出了24 000份电子版。很快，各个出版社为争夺这部小说的实体出版权挤破了头，最后Michel Lafon出版社获得了胜利，这本口袋书成为了2016年的畅销书，迄今已售出超过100万册。

奥蕾莉·瓦洛涅 我被归入了流行作家和畅销书作家的行列。我永远不会把自己变成那种只在巴黎六区活动的小布尔乔亚知识分子，因为这从来都不是我的目标。我以前不知道写作的游戏规则，但今天这对我来说已经不再重要了。我写书的初衷就让读者开心。写出一个简单的句子并不是那么容易，我用录音笔来帮助我写作！而且我还得保证我写出来的能让我的父母读得懂，我并不想写些漂亮的句子来表现我很聪明。我就是我，并不需要费力地证明自己属于另一个圈子。

奥蕾莉·瓦洛涅的这种心态让她妈妈很高兴，科琳娜告诉我，女儿书中那位脾气暴躁的爷爷其实就是她自己的父亲。

科琳娜　这位谁都厌烦的爷爷，到现在还烦着我呢！［笑］他已经94岁了，他一个接一个地解雇了照顾他的护理人员。在她的书中，她的献词有时会让我特别感动，因为我们平日里没有充分表达过对彼此的爱，所以当看到她写给我的献词时，我就开始哽咽了。我甚至从她书里某个人物的说话方式中认出了我自己。

科琳娜剪下了报刊上关于女儿的各种文章，并渐渐开始适应自己有个畅销书作家女儿。当她在理发店预约剪发被问及名字的拼写时，她会说："嗯，我的姓和作家一样！""这让我发笑。"奥蕾莉告诉我。科琳娜觉得女儿的脸就是为镜头而生的，她说："奥蕾莉非常上镜，当我们摆姿势拍照时，她总是面带微笑，而我们和她哥哥一起拍的总是板着个脸。（我大笑起来。）她总是说：'哎呀！拍照时间到了，咔嚓，咔嚓。'她在电视上也完全像明星一样！但是我不行，我没法在大庭广众之下对着麦克风讲话。"

这对母女的关系从奥蕾莉离开家上大学起就缓和许多，科琳娜也表示："确实是这样，每个人都需要独立的空间不被打扰，因为我们都有自己的小毛病。"奥蕾莉·瓦洛涅也完全赞同这一点，她说："的确，我和我妈的喜好完全不同。她喜欢在购物中心里闲逛，她是真爱电台的忠实听众，我每天收听法国文化电台——给自己在文化方面补补课。总之我举这些例子只是为了证明我的观点，并不是为了突显孰优孰劣。"

因工作和小说而筋疲力尽的奥蕾莉·瓦洛涅决定在2018年和

丈夫离开米兰，前往离公公婆婆家不远的海边小镇迪纳尔定居。科琳娜对亲家的印象颇为深刻。

科琳娜　她公公以前是一名兽医，她婆婆退休前是学校的高层领导。女儿对我说："你不要每次都妄自菲薄！他们是很简单的人，他们不会随意评价别人。"亲家有两套房子，而我什么都没有。我一开始总是有点儿不安，因为我的嘴很笨，生怕说错话，但接触下来后我发现他们真的是很好的人。

科琳娜·瓦洛涅即将在一年后光荣退休。她说："受雇于市政府，做了35年的幼儿园护工，我退休后每月只能领到一千欧元的退休工资，算起来我1984年就开始干这行了。"很快，她将离开马西前往布列塔尼投奔女儿。奥蕾莉计划给妈妈买套房子，她说："这是我奋斗的目标。我是个幸运的人，可以依靠自己喜欢做的事生活，但我妈妈还在精打细算地过日子，我希望能回报她一点。"

第六章

背后的父母

您的邮件像一盏明灯，照亮了这个阴雨绵绵的日子。得知您的书快写完了，我感触颇多。我未曾从父母口中得知他们如何看待我，这确实是人生的一大憾事，是您的书让我意识到了这一点。不得不说，在这个话题上，父母与我之间总是笼罩着一种谁也不愿意打破的沉默。

作家安妮·埃尔诺的邮件回复让我欣喜若狂。80岁的安妮是法国阶层跨越者们心中的神级偶像。不仅她的文学作品广受喜爱，而且她的承诺和慷慨也向世人证明，在社会金字塔上向上攀登的人不一定会变成一个自私自利的怪物。特别是在《一个男人的位置》(*La Place*)、《一个女人的故事》(*Une femme*)两本书中，安妮希望“展现(她)父母说话的方式、吃饭的习惯、喜好和性情，而不激起读者的怜悯、鄙视或耻笑”。当我们在邮件里聊起《一个男人的位置》，这本她写给父亲的书时（此书获得了雷诺多文学奖，出版时安妮的母亲还在世），她说："如何用我的文字而不是我的身体来叙述事实？……只叙述事实而不妄加评论的写作才是抵御资产阶级凝视的屏障。"我把自己的书稿发给了安妮，她读完后向我提了一个既让我感动，又让我困惑的问题，她说："我一直在想，要是我父母还健在的话，他们面对你的采访会想说些什么，又会不想说些什么……"

事实上，安妮指出了我书中存在的一个重大缺陷：我的受访者可能没有告诉我他们心中所想的一切，就连我自己的父母也没有。他们不安地和我玩了一场叫作"采访"的游戏，在回答完最后一个问题时长吁一声，感叹终于可以结束了。他们口中的故事仅限于人与人之间的纠葛吗？有没有社会阶层矛盾的影响？而且这两种因素相互独立，还是搅和在一起？有时你必须对他们的回答仔细琢磨一番才能找到答案。不幸的是，疫情大大降低了受访者对我的亲密感和信任度。我本来打算不请自来地去各家里住上个一两天，看看他们居住的环境，看看孩子们成长的地方，看看家庭的照片，捕捉那些比长篇大论更能说明问题的小细节。然而，我不得不在咖啡馆里或者通过电话和视频会议与他们见面。所以这本书是由对话组成的，就像一个电台访谈节目。

安妮·埃尔诺还在父母们的口述中发现了一些"套路式的回答"，她说："您的采访对象笃信一切都是老天安排好的，孩子学习好是由基因决定的，如果孩子学习不好他们也不会深究原因。为了证明自己的正确，他们特别爱说‘我们就是顺其自然’这种话，以显示孩子们就是天选之子。我的父母常说：‘我们不逼她，这是她的本性。’但我想知道如果他们接受你的采访，被问及女儿的成长史时会作何反应。除了感到自豪外，是否也会感到不快，因为回答这个问题就势必将谈及他们的社会背景和出身。尤其是我的母亲，面对大人物们对我的成绩赞不绝口时，她会粗暴地引用《圣经》来回应：‘风随着意思吹！’”

虽然安妮·埃尔诺母亲的回答略显辛辣刻薄，却可以涵盖本书中大多数家长的想法，简而言之：这是上帝的旨意。没必要再去寻找别的解释，就算你踏破铁鞋也无处可觅。相反，一些孩子怀疑他们的学习天赋是否早已刻于基因之中——另一种形式的“自然主义”。巴德家的孩子们已经将他们的母亲伊茹女士指定为传递他们学习天赋的“头号嫌疑人”。他们确信伊茹和蕾吉雅母女二人都是“高智商人士”：伊茹没怎么看书就一次性通过了驾照的理论考试。奥蕾莉·瓦洛涅在其中一个儿子身上找到了自己的影子，她说：“所以我想知道这种特质是否会遗传，是我母亲遗传给了我，还是我父亲？”画家兼导演马里亚娜·萨特拉皮在接受《世界报》的采访时引用了一句波斯谚语来总结她母亲的一生：“多么棒的游泳运动员！可惜只能在浴缸里游泳！”这是一个可能永远无法回答的问题。但我的调查表明，这些天赋，无论多么神秘（“风随着意思吹”），无论是否与遗传学有关，如果没有肥沃的土壤和父母的影响，孩子们长大后是不可能变成阶层跨越者的。本书中的所有孩子从小就被家长灌输过长大要出人头地的思想。在研究对比了本书中所有家庭的观点后，我可以负责任地说，成功没有偶然。社会学家罗斯–玛丽·拉格拉沃通过回顾自己的前半生后得出的结论也与我的不谋而合。在她今年年初出版的《恢复镇静》（*Se Ressaisir*）一书中，她借用了社会学家保罗·帕斯夸利的一个观点，把自己的父母比喻为“阶层跨越的盟友”。罗斯–玛丽在接受《解放报》的采访时说：“我要感谢我的小学老师们，我的教授们，和我一起参加妇女解放运动讨论小组的朋友们，我在社会科学高等研究学院的同事们……一个人是无法独自跨越社会阶层的。如果说我欠他们的情还没还完，那是因为没有他们的帮助的话，我不可能有今天的成绩。在我看来，欠下人情债并不一定是坏事，这是我对别人帮助的一种承认。然而在我们的社会中，光说感激是远远不够的，我们得回馈那些帮助过我们的人。在他们面前，我们要有同理心，学会站在他们的角度看问题，我们要慷慨一些，我们要心胸开阔一些，我要习惯在与他谈论社会问题和女权问题时扯上政治。”因此，无论父母们给予我们的是陪伴还是对抗，他们不由自主地成为了我们最早的“阶层跨越的盟友”。

安妮·埃尔诺发现，我的受访者在童年时期都有三个显而易见的特点：

因为害怕命运的眷顾会突然结束，所以从不骄傲自满；默默接受学业成功需要付出的牺牲；母亲的影响和早期对阅读的兴趣。

讲述彼此间的冲突和矛盾时，孩子和父母已然表现得平静且克制：除了时间冲淡了一切外，孩子们的成功也成了彼此关系缓和的调节剂。当然，受访者在“讲故事”的过程中往往也会掩饰某些东西，这一点您已经在书中提过了。

我说过了，我们讲述的故事中往往会夹杂着对自己的美化和吹捧。随着采访的进行，这种现象越来越明显：当我不自觉地夸赞孩子们的成就时，他们的父母往往也只对我讲述自己孩子的各种优点。尽管在采访中存在这种僵局，我发现父母们对优绩体制的态度也慢慢发生了改变，他们在赞同和欣赏这一体制的同时又对其有所保留，有所怀疑，因为他们已经看到，这个抽象的名词正活生生地作用在他们孩子的身上，他们在为我们感到骄傲的同时，心中也五味杂陈。我只是单纯地想用自己在新闻学校学到的知识为这个研究领域尽一份力：发布任何信息前都至少要核实两个信息来源。对于同一个故事我们得兼听则明，孩子和家长双方都应享有说话的权利。这样一来，故事才会真实客观。为什么我的同行们没有早想到这个方法呢？据我所知，只有记者玛丽·波艾冬在2018年的《十字报》的一篇文章中给了父母们说话的机会。在采访阶层跃升者的同时，玛丽也采访了社会阶层降级者。诚然，这两类人的所思所感肯定不尽相同，所以采访的关注点也不一样。

在我的调查即将进入尾声时，安妮·埃尔诺抛给我两个问题：“我们何时才能自称为阶层跨越者？”“哪些人可以自称为阶层跨越者?”这两个问题让我不得不再次审视自己的观点。我最初的回答是：在某种程度上，几乎所有人都认为自己是社会阶层的跨越者。因为这个话题能激起每一个人内心的共鸣，让我们不自觉地带入到阶层跨越者的角色上去，无法冷静地分析事实。几乎所有人都会感到自己与父母、故乡有那么一点格格不入，即使是最高贵的继承人在这个话题上也有自己的故事可讲。这是我在本书引言中试图证明的观点：我们习惯于借助富有情感色彩的词语来讨论一个人的社会阶层和社会地位，却忘记了从父母的职业、收入和文化习惯等客观信息入手来寻找真相。其实方法很简单，只需要把你的职业、收入和文化习惯与你的父母进行横向比较，你就能知道自己是否是阶层跨越者。即便各家各户的情况不尽相同，但这条定律也是放之四海而皆准。为了建立我的“名单”，我不得已把一些阶层跨越者留在了我的门槛外。例如，某人父母从事餐饮工作是因为他们没有完成高等教育，而不是因为他们从未有机会获得高等教育；或者父母中只有一人拥有高等学位；或者当父母是教师时——教师这一职业虽然工资不高，但在社会中还有着一定的重要性，因为它是学校制度的体现。我想暂且把我们多姿多彩的人生剧本放在一边：无论我们是谁，我们都有着自己的家庭问题、心理痛苦、疾病、意外和创伤，这是一个普遍的现象，活在每一个阶层中的人都会经历这些伤痛，所以我们不应该以此来影响我们对社会阶层跨越者的判断。

在我的采访中，迪迪埃·埃里蓬呼吁不要总是用精神病学的那套理论来分析父母与子女之间的关系，他说：“我觉得，为了理解父母和子女之间的问题，我们应该摒弃一些俄狄浦斯式的观念，以教育为突破口来分析问题。很多代际之间的冲突都与接受教育时间的长短有关。接受教育的不同会导致代际之间出现语言、文化、政治和其他方面的巨大差异……托马斯·伯恩哈德声称学校体系是社会的‘内脏’，确实如此，学校不断地对我们每个人进行着筛选和分类：您的一生都将永远被您受教育的类型和时长影响。”今天，一个普通人在社会上出人头地变得越来越难，所以阶层跨越者们在受到猜疑的同时，也收获了羡慕。我想呼吁社会大众用一种诚实的方式表达自己，为此我们必须学会克服让我们不敢询问他人父母的职业的羞耻心。

这同样适用于记者的日常生活中，特别是进行采访时：无论我们和受访者谈些什么，也无论我们的采访主题是什么，“父母的职业”这样一个简单的信息可以让我们更好地理解受访者所说的话。他或她为何这样看问题，为何这样说话，为何这样坚持，尤其是为何达到了今天的成就。以上这些问题都与他或她走过的人生之路有关。只有在充分了解这些信息后，我们的读者、听众和观众才能自发地形成自己的观点。

最后我必须承认，我之所以开展这些调查，是因为我纠结于几个复杂的理论问题：“我们能把自己构建成一名‘无阶级者’吗？我能严肃地说自己是无阶级者吗？”鉴于我们的双重身份，阶层跨越者应该有资格获得这种想象中的头衔。拥有这种身份让我感到无比轻松，有点像疫情期间的健康码，可以让我越过所有边界。这个身份可以让我置身于社会的炼狱之外，可以让我摆脱所有的责任、承诺和选择阵营的必要性，可以免除我的社会性。“黄马甲运动”？“对不起，我今天不上街抗议，因为我是一个没有阶级的人。”气候危机？“对不起，作为一个没有阶级的人，我不认为我会受到影响。”这是一个我羞于告诉你们的寓言，一个无法启齿的梦想，可以将我从两个阶层中抽离出来。因为正如社会学家朱勒·诺德特在他的作品《进入精英阶层》（*Entre dans l'élite*）的引言中所写的那样：“如果出身平民阶层的人想要捍卫他们的原始阶层利益，那么对现有的精英们来说，让他们进入自己的阶层将是非常‘危险’的。为了维护已经建立的社会秩序，上层社会的精英们要求阶层跨越者们改变自己，并尽可能地模仿上层社会的特征……社会向上流动当然会影响上层阶级的组成，但不足以将其消灭。”事实上，本书也不会消灭上层阶级。当然这也不是我的意图，因为那样会抹去一半的朋友以及我的伴侣。这样对我来说也很虚伪：本书的出版已经表明我是他们中的一员了。

对于安妮·埃尔诺提出的问题，我最后想说的是，阶层跨越者们是能够彼此认同的。当我在电话中向奥蕾莉·瓦洛涅阐述我的写作计划时，她非常感动：作为一名小说家，奥蕾莉在写作中很少涉及这个话题。

奥蕾莉·瓦洛涅　我们在社会交往中有时会感受到一种羞耻感。我曾经对我的母亲有一种无法抑制的羞耻感，然而现在这种羞耻感已经不存在了。相反，我会永远感谢母亲。但母女关系是一个真正的难题，是所有问题的核心……［她的声音停顿了］对不起，这个问题很敏感。在这个话题上，我们通常非常孤独。

因此，我想与同类们建立联系，组成一个“合唱团”，而不是区分每个人的经历。事实上，我们的经历都各不相同：一个来自法国沃克吕兹省的农民之子和一个生活在巴黎的越南移民后代之间有什么共同点呢？在这些差异的背景下，我想强调的是他们的共同点：他们的父母没有接受过教育，也不了解法国的教育体系。为了生存，他们不得不从事并不喜欢的餐饮业工作。我并不是要建立一套价值评价体系来评判孰优孰劣。其实作为农民，我们的杰基·罗斯先生与那些“新农民”是完全不同的，这些“新农民”都是些受过教育的中产阶级，因为厌倦城市生活和资本主义而来到农村从事农业生产。无论他们的经历如何，阶层跨越者们都有故事要讲。他们的经历相互重叠，独立于他们的个性、品位和他们所遭受的结构性歧视。托尼对我说：“我们这类人形成了一个独特的社会阶层。”我想并非每个人都会同意托尼的观点，但是与同样是社会阶层跨越者的朋友们在一起相处，我确实会有一种获得解放的感觉——或者用当下流行的话说，是一种non-mixité[①]的感觉。

① non-mixité，意为“非混合”，是指将共享某种特征或经历（如性别、种族、性取向等）的人聚集在一起，而排除不具备这种特征或经历的人，以创造一个安全和保护性的空间，讨论和解决特定群体所面临的问题。非混合可以作为一种对抗系统性歧视和压迫的策略，让相关人士分享经验，制订解决方案并相互支持。——译注

安妮·埃尔诺 在阅读您的最后一章时，有一刻我突然感觉自己回到了熟悉的过去，好像在读自己的故事，在读我父母的故事，我好像又重新听到了父母常说的话：不要炫耀，要谦虚，但也不要让人欺负。这证明了我这个人身上确实具有“社会阶层跨越者属性”（transfugitité）——我创造了这个新词，而我也确信自己这一属性永远不会改变。

非社会阶层跨越者很难理解我们这类人矛盾的心态。一方面，我们渴望社会阶层的上升，又害怕因此羞辱了我们的父母；另一方面，我们又担心别人看不起他们，愤怒地为他们辩护，不容许任何人“贬低”他们，正如安妮·埃尔诺在给我的邮件中所写的那样。

安妮·埃尔诺 我有一位好朋友，她的家庭很富裕，父亲是工程师，但是她对我说过的一句话让我很不舒服。她说：“生出了你这样一个大作家，你爸妈一定觉得自己的乌鸦窝里飞出了金凤凰。”“不，才不是这样。”我对她说。我不能容许任何人贬低我的父母……父母们清楚地知道自己与上层社会的人格格不入，所以当孩子们把他们带入自己的生活圈子时，父母们往往都会表现出害怕和紧张。

我还有一位朋友，本来我打算把他的故事也写进书里，但遗憾的是由于那段时间他正与父母闹矛盾，所以就作罢了。但他说过的一句话一直深深地印在了我的脑海中，他说："如果有人嘲笑我妈，我会立刻把他的眼睛剜出来。"他的母亲是汝拉山区的邮递员，当时正好来巴黎看他，所以他便带着母亲去朋友家吃晚餐了。晚餐结束后，母亲对他说："希望我没有让你丢脸。"这句话让他感到心碎。

我写这本书是为了和解，所以这是"一本关于和解的书"。这听起来似乎有点俗套，像在鹦鹉学舌，但这就是我真实的想法。然而，我要与谁和解呢？我是一个幸运的人，我和家人们没有一点儿矛盾，相反，我们之间的关系很好。那么，我是要与自己和解吗？很多折磨着社会阶层跨越者们的问题可能只是他们自己想象出来的。在写这本书的过程中，我甚至怀疑自己是否完全在杜撰。我们很少谈论人与人在家庭、学校、职场、友谊和爱情中的阶级关系，因此我有时觉得自己的研究似乎是毫无意义的，甚至是离谱的。

然而，我却觉得我们不能忽视阶层关系。如果有一天我有了孩子，他或她将有一位毕业于巴黎高师和记者培训中心的父亲。如果我和约翰尼一起抚养这个孩子，那么他或她还将拥有一位来自牛津大学并获得法国国籍的英国父亲。毫无疑问，我们的孩子将生活在一个富裕的中产阶级家庭，说着英法双语。我将告诉我的孩子们："你们可以大方地坦白自己在社会上享有的特权，而不是虚伪地掩饰。"在本书开篇时我就指出，某些特权阶层觉得自己享有的一切都是理所应当的，他们从未承认也从未质疑自己的阶级特权。更令人恼火的是，他们中的有些人居然试图在公众面前降低自己的出身，就像在1789年法国大革命时期贵族们试图逃脱断头台一样。如果我们都能开诚布公地坦白我们的社会背景，并承认父母及家庭教育对我们产生的巨大影响，我相信法国各阶层之间紧张的情绪也许就能得以缓和。就像人们常说的：承认错误，问题就解决了一半！快去坦白吧，趁现在还来得及。

玛尔蒂娜在我们见面的几个月后因癌症去世。她的儿子大卫没有成为巴黎市长，而是成为了巴黎市长安娜·伊达尔戈的副手。大卫请我把他母亲的采访录音发给他，但他至今仍然没有勇气打开录音去听一听母亲的声音。

玛丽-克莱尔很高兴她的女儿帕斯卡利娜目前经常离开巴黎，带着老公孩子回到乡下小住几天。作为交换，她和丈夫伯纳德也会偶尔去巴黎看看女儿。

帕斯卡利娜 实际上，我以前经常对爸妈开些讽刺的玩笑，说些玩世不恭的话。可惜他们根本理解不了我的幽默，这也让我们之间的关系很紧张。现在我已经不再这样做了，这要归功于我一年前开始的心理分析治疗。我的心理医生围绕着“成为阶级背叛者”这个话题对我进行了治疗。在很多人眼里，我们这种阶层跨越者是一群附庸风雅、自以为是的人，但是当我们的父母也这样看待我们时，情况就有点微妙了。因此，我开始努力学习怎么和父母们高效沟通，学习怎么好好说话，学习适应他们的节奏。我想找到一种与他们和睦相处的模式，我想找到彼此共同的语言。

马拉梅想把女儿霍卡雅房间里成堆的漫画书捐给慈善组织。“霍卡雅告诉我：‘不，妈妈，也许有一天我会需要它们！’即使是电视节目指南，她也会留着它们！然而如今她自己却上了电视。”

马拉梅　女儿怕我担心，所以不会把一切都告诉我。我自己从社交网络上看到了别人对她发出的暴力威胁，所以我经常为她的安全祈祷。当然，我为她感到自豪，但我想女儿也会为我感到自豪。霍卡雅和她的兄弟非常懂得感恩，她经常对我说：“妈妈，在您的教育下，我们走上了正途，谢谢您。”

尽管冉恩女士可以享受退休生活了，尽管她的儿子已经有所成就，收入也越来越高，并“接受”了自己的新身份，但她仍然在竭尽全力地照顾儿子。冉恩对我说：“你知道吗？如果图艾喜欢我做的东西，我就会把我的那份也留给他吃。”

图艾　在我们的文化中，我们从不说“我爱你”，也不轻易彼此道谢。我母亲从前拿的只是法国最低工资，我不知道她用这点工资是如何满足我的各种要求的。比如小时候我会在早餐时告诉她妈妈：“我想要那个。”然后晚上她下班回家就会把我想要的东西带回家。我的任性让她太辛苦了。

在我们的采访结束时，冉恩用手指了指她公寓客厅里一个显眼的东西：一个装满无数金色佛像的大玻璃柜。

冉恩 我每天早上都会为我的孩子们祈祷。我为孩子们，为我爱的人，为全世界的人祈祷，祈求疫情能早日结束。我不必去寺庙拜佛，因为佛就在我的心中。只要尊重他人和保持善良，我们就可以实现愿望。

奥黛特在尼斯过着幸福的日子。

奥蕾莉·菲利佩蒂 工人自豪感使得我的父母始终感觉自己肩负着重要使命，所以无论在何种境遇之下，他们都要证明工人不比其他人差，他们教导我做人不可以碌碌无为，必须有所成就。我相信这种尊严感是父母传给我的宝贵财富。

杰基·罗斯最终接受了儿子米歇尔的同性恋身份。米歇尔在36岁那年公开了自己的性取向，他也改变了对父亲的看法。

米歇尔 我接受了我爸的缺点，我现在不再对他生气了。他已经受到了生活的惩罚，抱怨已经没有任何意义了。现在我爸也知道这一点了，我们的关系变得更和谐了。

无论如何，杰基在视频采访结束时高高兴兴地和我说了再见。

杰基　我已经把我家的老房子修好了，并把它改造成了度假屋。但是由于疫情封控，现在还没几个租客。无论如何，我在尽最大努力把日子过好。好了，我得下线了，我要去陪家人。今天早上很冷，七点半时草地都变成了白色！但现在天气好了，冰雪融化了。

奥利维耶·塞亚尔的父母已经去世了，他还会回到位于蓬塔利耶山区的故乡吗？还是会永远留在他曾经如此渴望的城市中？

奥利维耶　当我打车时，如果发现同伴中有人对出租车司机态度恶劣，我总是会提醒他们我的父母也是干这一行的，我真的无法忍受这种行为。

我在快完成本书的时候拜访了艾洛蒂·华耶在巴黎的家。她很快就要搬家了，她说到时候她爸会来帮忙。她很高兴妹妹法妮与自己越来越亲密了，姐妹俩可以分享的秘密越来越多。

艾洛蒂　我做了个关于女性艺术家的播客，我让妹妹给我些意见，想不到她非常喜欢听。当然，她也从另一个角度给了我很多的反馈。我早已知道自己的极限就在头顶，不过这没关系，这能让我往回看，看到我出发的原点，也许我早已远离那里了。

在我们见面的几周后，拉桑决定回到摩洛哥的塔古溪扬安度晚年。全家人在机场送别时相拥而泣，他的妻子伊茹哭得最为伤心，她说自己无法忍受离开儿子、孙子和孙女们，她说法国才是自己的家。在接受我的采访之后，伊茹每天都向儿子优素福询问我的消息。

优素福 我长大后才意识到父母为我们所做的一切是多么伟大。所以，请回顾一下您的父母为您所做的事情，以及他们所付出的牺牲。

劳拉 如果没有父母的默默付出，我们可能没法取得今日的成就，所以我很看重亲情，我绝对不会冷漠地对待父母。我的外公外婆是典型的天主教徒，他们要求我母亲在婚前保持贞洁。但我母亲没有唯命是从，她抗争过，她成功地从原生家庭中挣脱出来了。她还在44岁时通过了高中毕业会考，年纪不是停止学习的理由，目前她仍然在主动学习人力资源课程。我想这就是榜样的力量，因为通过学习，她的孩子们都改变了命运。所以“阶层跨越”对每个人都有好处。

劳拉把“阶层跨越”这个词用成了一个抽象的概念，就像我们在说“改变”、“遗产”或者“旅行”一样。

不久之后，科琳娜·瓦洛涅就要离开她在巴黎郊区的家了，她将前往布列塔尼定居。“我不知道她能不能熬过退休前的这一年！”奥蕾莉·瓦洛涅对我说。老妈迫不及待奔向新生活的样子让她忍俊不禁。

妈妈　经常跟大人物们接触，现在你都瞧不起我和你爸了……

这是我妈在2017年对我说过的一句话，我花了好长一段时间才想清楚怎么回答她。

致 谢

感谢我的“证人们”：这些“孩子们”，特别是他们的父母。

感谢我的父母，克里斯蒂安娜和克里斯蒂安，成为他们的孩子让我感到很幸运。

感谢我的妹妹索莱娜，感谢你在这漫长的生命旅程中作为知己一直陪伴着我，感谢你在我写书期间给予我的支持和建议。

感谢我的朋友萨布丽娜、塞赫拉和我分享了他们从巴黎高等师范学院到新闻记者培训中心求学的艰辛历程。

感谢我的朋友们忍受我对于社会阶层这个问题的迷恋和执着。

感谢约翰尼·科顿无条件的支持。感谢你在写这本书期间给予我的耐心、仁慈、笑声和爱。

感谢安妮·埃尔诺的关爱，感谢尼古拉斯·马修允许我改编他小说《背后的孩子》（*Leurs Enfants après eux*）的标题来命名我的最后一章，感谢迪迪埃·埃里蓬在2018年12月的某一天鼓励我进行一项关于阶层跨越者的新闻调查。

感谢我的编辑珍妮·莫罗索夫，感谢她相信我能完成这项调查，并不断鼓励着我。

感谢我初三时的法语老师莫妮卡·华耶，她为我点燃了一盏心灯。

感谢所有信任我并愿意跟我分享故事的人，但由于时间、空间或者其他和生活一样复杂多变的原因，他们没有出现在这项调查的名单上，他们是：

卢特菲·阿乌拉德、马克西姆·贝松-维文茨、摩根·克罗谢、卡米尔·克罗尼耶和她的母亲劳伦斯·布凯、亚历克西·杜瓦尔、奥雷利安·法拉弗隆、雷吉斯·菲加罗尔、亚瑟·戈麦斯、法比安娜·格林费尔德、安娜·休伯特、乔纳森·休德-迪福塞、莱拉·卡杜尔-布达迪、富莱·科伊塔、朱莉·拉菲特、罗拉·拉丰、克拉拉·马尔绍、玛琳·米勒、珍妮·帕门蒂尔、朱利安·皮亚、卢多维克·皮德图、奥雷利安·普利斯、霍滕斯·雷纳尔、克莱芒特·里贝斯、内斯琳·斯拉维、奥利维耶·施泰纳、加埃唐·托马斯、纳贾特·瓦洛德-贝尔卡森、爱丽丝·泽尼特。

参考文献

p.5: Adrien Naselli, «Didier Eribon: "Les grandes écoles ne sont pas un système scolaire, mais un système social" », *Le Monde*, 2019.

p.6: François Rousseaux, «TF1/France 2: le nouveau match du JT de 13 heures», *Télérama*, 2021.

Isabelle Ficek, «Édouard Philippe, un juppéiste qui s'affranchit pour recomposer», *Les Échos*, 2017.

p.7: François Ekchajzer, «Virginie Linhart, documentariste: "Le formatage de l'ENA, je ne l'ai pas vu" », *Télérama*, 2021.

p.8: Virginie Linhart, «L'énarque est un humain (presque) comme les autres », *Infrarouge*, 2021.

Annick Cojean, «Chris: "Je ne me reconnaissais pas dans l'image des jeunes filles apprêtées et hypersexualisées" », *Le Monde*, 2019.

p.16: "TRANSFUGE", définition du *Trésor de la langue française*.

p.17: Didier Eribon, *Retour à Reims*, Fayard, 2009.

p.26: Bernard Lahire, *Enfances de classe*, Seuil, 2019.

p.80: Philippe Testard-Vaillant, «Comment l'orientation scolaire renforce les inégalités », CNRS Le Journal, 2018.

p.121: Nicolas Jounin, *Voyage de classes. Des étudiants de Seine-Saint-Denis enquêtent dans lesbeaux quartiers*, La Découverte, 2014.

p.123: Marie N'Diaye, *Rosie Carpe*, Les Éditions de minuit, 2001.

p.182: Claire Devarrieux, «Édouard Louis: "Ma vie d'écrivain est une vie de honte" », *Libération*, 2018.

p.183: Isabelle Dautresme, «Le diplôme n'efface pas la distance de classe», *Le Monde*, 2018.

p.195: Juliette Deborde, «Rokhaya Diallo et "TPMP" : "C'est un public que je respecte et qui me parle" », *Libération*, 2017.

p.247: Annick Cojean, «Marjane Satrapi: "À 10 ans, je m'entraînais à devenir une prisonnière politique" », *Le Monde*, 2020.

Rose-Marie Lagrave, *Se ressaisir. Enquête autobiographique d'une transfuge de classe féministe*, La Découverte, 2021.

Sonya Faure, Anastasia Vécrin, «Rose-Marie Lagrave: "Il n'y a pas d'ascenseur social. Les transfuges de classe prennent l'escalier de service!" », *Libération*, 2021.

p.249: Marie Boëton, «Quand un jeune quitte le milieu d'où il vient...», *La Croix*, 2018.

p.252: Jules Naudet, *Entrer dans l'élite. Parcours de réussite en France, aux États-Unis et en Inde*, PUF, 2012.